CABINET CHOISI

OU

CATALOGUE

D'UNE COLLECTION

DE LIVRES

Fort curieuse en toutes sortes de facultés & langues.

Dont la Vente se fera à l'amiable Lundi 21 Mars 1768 & jours suivans depuis huit heures du matin jusqu'au soir.

Les Prix seront marqués sur chaque Livre.

A PARIS,

Chez D A Y I D T S, Libraire, Quai des Augustins, à l'Image Saint-Jacques.

M. DCC. LXVIII.

THEOLOGIE.

ECRITURE SAINTE.

Textes & Versions de l'Ecriture Sainte.

1 BIBLIA Polyglotta Waltoni cum Lexicon Castelli. *Lond.* 1657. 8 *vol. in-folio, vel.*

2 Biblia Hebraica ex édit. Vander-hooght. *Amst.* 1705. *in-8.*

3 Vetus Testamentum secundum LXX. Gr. Lat. *Parif.* 3 *vol. in-fol.*

4 Liber Psalmorum Davidis ex Arabico idiomate in latin. translatus. *Romæ.* 1614. *in-4.*

5 N. Testamentum græcum. *Lut. R. Steph.* 1546. *in-12.*

6 Idem. *Lutetiæ, R. Steph.* 1549. 2 *vol. in-12. m. r. lv. r.*

7 Idem. *Parif. R. Steph.* 1568. 2 *vol. in-12. m. r.*

8 Idem. *Lugd. B. Elzev.* 1624. *in-12.*

9 Idem. *Lugd. B. Elzev.* 1641. *in-8.*

10 Idem *ex Officina Crispiana. in-12.*

11 Idem. *Parif. è typogr. r.* 1646. *in-folio. d. f. t.*

12 Idem. *studio Gregorii. Oxon.* 1703. *in folio.*

13 N. Testamentum Gr. & Lat. ex édit. Walæi. *Lugd. B.* 1653. *in-4.*

14 Idem ex versione Erasmi. *Lugd. B.* 1605. *in-folio.*

15 Biblia Sacra cum interpretat. D. Hyeronimi. 2 *vol. in-folio. C. M. fans date ni lieu d'impreffion.*

16 Biblia Sacra, *Venet. Juntas.* 1611. *in-4. m. v.*

17 Biblia Sacra. *Parif. Colin.* 1641. *in-folio.*

18 Biblia Sacra. *Parif.* 1649. *in-folio.*

19 Biblia Sacra cum Duplici, tranflatione. Vatabli. *Salm.* 1583. *in-folio.*

20 Biblia Sacra cura & ftud. Vatabli. *Parif.* 1744. 2 *vol. in-folio.*

21 Biblia Sacra. Vulg. édit. cum. not. chronol. hift. (Lancelot) *Parif. Vitré,* 1662, *in-folio.*

22 Biblia Sacra. *Lugd.* 1675. *in-folio.*

23 Biblia Sacra. *Col. Agrip.* 1697. 6 *vol. in-24.*

24 Psalterium Davidis & Libri fapientiales. *Lugd. Bat. Elzev.* 1653. *in-12. m. n.*

25 N. Testamentum. *Parif. è typogr. r.* 1543. 2 *vol. in-12. m. r.*

26 N. Testamentum. *Parif. Martin.* 1662. *in-12.*

27 La Bible de Sacy, avec de courtes notes. *Brux.* 1721. 2 *vol.*
   in-12.
28 La Sainte Bible en latin & en françois, avec les commen-
   taires de l'Abbé de Vence. *Paris* 1748 14 *vol. in-4.*
29 La Bible (par le Gros) *Col.* 1739. *in-12.*
30 La Bible de Mad. Guyon. *Cologne.* 1715. 20 *vol. in-12.*
31 N. Testament, par Amelotte. *Paris.* 1688. 2 *vol. in-4. m. v.*
   d. de Tabi.
32 N. Testament. *Mons.* 1688. 2 *vol. in-12. fig.*
33 N. Défense du nouveau Testament de Mons, contre le livre
   de Mallet, par Arnauld. *Cologne,* 1680. 2 *vol. in-8.*
34 De la Lecture de l'Ecriture Sainte , contre les Paradoxes
   de Mallet, par Arnauld. *Antv.* 1680 *in-8.*
35 N. Testament , avec des reflexions. *Paris.* 1704. 4 *vol. in-8.*
36 Les mêmes. *Paris.* 1696. 8 *vol. in-12. m. r. l. v. r.*
37 La Bible de Desmarets. *Amst. Elzev.* 1669. *in-folio. gr p. m. c.*
38 La Bible, par le Cene. *Amst.* 1741. 2 *vol. in-folio. gr. p.*
39 La Biblia, que es los sacros libros del vieio nuevo Testa-
   mento, por de Valera. *Amst.* 1602. *in-folio. lv. v. b. d. f. t.*
40 Biblia Espanola. *Amst.* 1741. *in-8. m. n.*
41 N. Testament, par le Clerc. *Amst.* 1702. *in-4.*

Harmonie & Concordes Evangéliques

42 Le Roux, Concordia quatuor Evangelistarum. *Paris.* 1699.
   in-8.
43 Concorde des quatre Evangelistes , par le même *Paris.*
   1712. *in-8.*
44 Harmonie ou Concorde évangélique , par Toinard. *Paris,*
   1716. *in-8.*

Histoires & Figures de la Bible

45 Histoire du vieux & nouveau Testament , par Royaumont.
   Paris. 1690. *in-8. fig.*
46 La même. *Paris.* 1696. *in-4. fig.*
47 La même. *Amst.* 1712. *in-folio, gr. p. fig.*
48 La même. *Paris.* 1733. *in-folio. fig.*
48 * Figures du Vieux & Nouveau Testament , gravées par
   Vanluyken. *in-folio. gr. p.*
49 Histoire du vieux & nouveau Testament. *Amst. Mortier.*
   1700. 2 *vol. in-folio.*
50 Historia Starego y Nowego Testamentu. *Nancy.* 1761. *in-folio.*

51 Le Miroir de contemplation, fait fur la Vie, Mort & Paſ-
ſion de N. S. J. C. *Paris. in-8. Gott. m. v.*

52 Hiſtoire ſacrée en tableaux, par de Brianville. *Paris.* 1695.
3 vol. in-12. *fig.*

53 Les Peintures ſacrées ſur la Bible, par Girard. *Paris.* 1700.
3 vol. in-12. *fig.*

54 Phyſique ſacrée de Scheuchzer. *Amſt.* 1732. 8 vol. *in-folio.*

55 Diſcours ſur la Bible, par Saurin. *Amſt.* 1720. 6 vol. *in-
folio. fig.*

56 Tableau du vieux & nouveau Teſtament, où ſont repréſentés
en 160 figures. *Amſt. in-4.*

Interprètes comment. & critiq. de l'Ecriture Sainte.

57 Capellorum notæ criticæ in V. Teſtament. *Amſt.* 1689. *in-folio.*

58 Menochius, in S. Scripturam ex édit. Tournemine. *Pariſ.*
1719. 2 vol. *in-folio.*

59 Corn. à Lapide, in S. Scripturam commentaria. *Antv.* 1581.
10 vol. *in-folio.*

60 Explication du livre de la Geneſe & Job, par Duguet.
Paris. 1732. 11 vol. *in-12.*

61 Lyra Prophetica Davidis, ſive analyſis critico-practica Pſal-
morum, Héb. & Lat. ſtud. Bythneri. *Lond.* 1669. *in-4.*

62 Janſenii, comment. in Evangelia. *Lovanii,* 1572. *in-f.*

63 L'Evangile expliqué ſelon les Saints Peres. *Paris,* 1698.
4 vol. *in-8.*

64 Janſenii, Paraphraſis in Pſalmos. *Antverp.* 1614. *in-fol.*

65 Catena Gr. Patrum in Jobum Niceta. éd. Junio Gr. & Lat.
Lond. 1637. *in folio.*

66 Harduini, comment. in N. Teſtamentum. *Amſt.* 1741. *in-folio.*

67 Explications de pluſ. Textes difficiles de l'Ecriture, par D.
Martin. *Paris.* 1730. 2 vol. *in-4.*

68 Drieſſen, Meditationes in Sacram Apocalypſin. *Traj. ad Rhen.*
1708. *in-8.*

69 Remarques critiq. hiſtoriq. ſur le nouveau Teſtament, par
Beauſobre. *La Huye.* 1742. *in-4.*

Traités des Rites Judaïques.

70 Seacchi, Theſaurus antiquitatum Sacro prophanarum. *Hag.
Comet.* 1725. *in-folio.*

71 Relandi, Sacræ veterum Antiq. Hebræor. *Traj.* 1708. *in-8.*

72 La République des Hébreux de Cuneus, par Georée. *Amst.* 1705. 3 *vol. in-8.*

73 Antiquités Judaïques, par Basnage. *Amst.* 1713. 2 *vol. in-8.*

74 Bocharti, Opera edent. Leusden & de Villemandy. *Lugd. B.* 1712. 2 *vol. in-folio.*

75 Spenceri, de Legibus Hebræorum Ritualibus *Hag. Com.* 1686. 2 *vol. in-4.*

Concordances & Dictionnaires de la Bible.

76 Tromnii, Concordantiæ græcæ. *Amst.* 1718. 2 *vol. in-folio.* C. M.

77 De Zamora Concordantiæ Bibliorum. *Roma.* 1627. *in-folio.*

78 Concordantiæ Bibliorum. *Paris.* 1656. *in-4.*

79 Concordantiæ Bibliorum. *Colon. Egmont.* 1684. *in-8.*

80 Concordantiæ Bibliorum. *Lugd.* 1601. *in-4.*

81 Dictionnaire de la Bible, par Calmet. *Paris.* 1722. 4 *vol. in-folio. fig.*

Liturgie.

81 * Lectiones Græc. quæ ex SS. litteris in Ecclesia græca tempore divini officii per annum recitari consueverant. *Venet.* 1542. *in-4.*

82 Missa Apostolica seu divinum sacrificium S. Petri, Apostoli Gr. Lat. cum Wilh. Lindani apologiâ pro eâdem Liturgia. *Antv. Plant.* 1589. *in-8. m. r.*

83 Missale Romanum. *Antverp.* 1621. *in-4.*

84 Rituale Romanum. *Antverp.* 1713. *in-8.*

85 Pontificale Romanum *Lutet.* 1664. *in-12.*

86 Pontificale Romanum. *Bruxell.* 3 *vol. in-8. m. r. fig.*

87 Breviaire Romain, latin & françois, par le Tourneux. *Paris.* 1688. 4 *vol. in-8. v. b. d. s. t.*

88 Breviarium Romanum. *Paris.* 1704. 4 *vol. in-12.*

89 Breviarium Concionatorum super festa totius anni aut. Tylkowsky. 1686. 2 *vol. in-4.*

89 * Breviarium Parisiense aut. D. D. Vintimile. *Paris.* 1736. 4 *vol. in-4. v. b. d. s. tr.*

90 Breviarium Rotomagense aut. D. D. de Tressan. *Rotom.* 1636. 4 *vol.* in-12.

91 Breviarium Ambianense aut. d'Orléans. *Amb.* 1746. 4 *vol. in-12. m. r.*

92 Breviarium Monasticum ordin. S. Benedicti. *Paris.* 1727. *in-8.*

93 Cæremoniale Episcoporum. *Romæ* 1729 *in-4 m. b.*

94 Missale mixtum secundum regulam beati Isidiori dictum Mozarabes. *Romæ.* 1755. *in-4. br.*

95 Diurnale Romanum. *Antverp.* 1709. *in-8 m. v. à. d. t.*

96 Antiphonaire & Graduel Parisien. *Paris.* 1736. 8 *vol. in-12.*

97 Manuel du Chrétien. *Colon.* 1742. *in-12. m. n.*

98 Heures à l'usage de Rom. *sur velin. Paris. in-8. fig.*

99 Breviarium Colbertinum. *Par. Muguet. in-8. m. r. l. v. r.*

100 Traité de l'exposition du S. Sacrement de l'Autel, par Thiers. *Paris.* 1762. *in.12.*

101 Le même livre. *Paris.* 1677. 2 *vol. in-12.*

102 Explication des cérémonies de l'Eglise, par Deverre. *Paris.* 1709. 4 *vol. in-8.*

Conciles.

103 Traité de l'Etude des Conciles, par Salmon. *Paris.* 1724. *in-4.*

104 Conciliorum omnium tam generalium quam Provincialium. *Venet.* 1585. 5 *vol. in-folio.*

105 Conciliorum generalium Ecclesiæ Catholicæ. *Romæ.* 1628. 5 *vol. in-folio.*

106 Conciliorum collectio, per Labbeum & Cossartium. *Paris.* 1671. 18 *vol. in-folio.*

107 Conciliorum collectio regia maxima stud. Harduini. *Parisi.* 1715. 12 *vol. in-fol.*

108 Acta Concilii Tridentini. *Parisi. Calderis.* 1546. *in-8.*

109 Les Canons des Conciles de Tolede, recueillis par Vigor. 1615. *in-8.*

110 Notes sur le Concile de Trente, par Rassicod. 1700. *in-8.*

111 Eclaircissement de plusieurs difficultés touchant les Conciles généraux. *Amst.* 1737. *in-12.*

112 Revision du Concile de Trente, par Ranchin. *Paris,* 1660. *in-8.*

113 Le Bureau du Concile de Trente, par Gentillet. 1586. *in-8.*

114 Concilia Antiqua Galliæ ex edit. Sirmondi. *Parisi.* 1629. 3 *vol. in-folio.*

115 De Divinis Apostolicis atque Ecclesiasticis traditionib. aut. Peresio. *Parisi.* 1562. *in-8.*

Saints Peres.

116 Philonis Judæi, Opera Grece. *Parisi.* 1557. *in-folio.*

117 Phil. Judæi, Opera Gr. & Lat. ex edit. Mangey. *Lond.*
1742 2 *vol. in-fol.* C. M.

118 S Juſtini, Opera, ſtudio Monachor. S. Mauri. *Pariſ.* 1742,
in folio.

119 Opera S. Dienyſii Areopagitæ cum ſcholiis S. Maximi &
Paraphraſi Pachymeræ à Corderio. *Antv.* 1634. 2 *vol. in-folio.*

120 Clemens Alexandrinus ex edit. Potteri, Gr. & Lat. *Oxon.*
1715. 2 *vol. in-folio.*

121 Tertulliani, Opera cum obſervat. Rigaltii. *Pariſ.* 1675.
in-folio.

122 Minucis Felicis Octavius cum integris notis Ouzelii *Lugd.*
Bat. 1672. *in-8. v. f.*

123 Traité d'Origene contre Celſe, par Bouhéreau. *Amſt.* 1700.
in-4.

124 Poëme de S. Proſper contre les Ingrats. *Pariſ.* 1650. *in-12.*

125 Gregorii Nazianzeni, Gr. & Lat. *Pariſ* 1630. 2 *vol. in-folio.*

126 Lettres de S. Ambroiſe, par le P. Duranti de Bonrecueil.
Paris. 1741. 3 *vol. in-12. v. f.*

127 S. Auguſtini Opera cum vita & indicibus, per D. Delfau,
&c. *Paris.* 1679. 11 tom. 8 *vol. in-folio.*

128 Auguſtini Meditationes Soliloquia & Manuale. *Col.* 1539.
in-8. m. r.

129 Lettres de S. Auguſtin, traduit par du Bois. *Paris.* 1701.
6 *vol. in-8.*

130 Gregorii Magni Opera. *Paris.* 1705. 4 *vol. in-folio.* C. M.

131 Les Morales de S. Gregoire Pape, ſur le livre de Job, trad.
par de Laval. *Paris.* 1666. 4 vol. *in-4.*

132 Divi Hieronimi Epiſtolæ *Parma.* 1480. 2 *vol. in-fol.* C. M. m. f.

133 S. Bernardi Opera ex ſecundis curis D. Mabillon. *Pariſ.*
1690. 2 *vol. in-folio.*

134 S. Damaſceni Opera Gr. & Lat. ſtud. le Quien. *Pariſ.* 1712.
2 *vol. in-folio.*

135 Caniſii Lectiones antiquæ edent. Baſnagio. *Antv.* 1719.
4 *vol. in-folio.*

136 Traité de la morale des Peres, par Barbeyrac. *Amſt.* 1728.
in-4.

137 SS. Patrum qui temporibus Apoſtolicis floruerunt Opera,
Gr. & Lat. ſtudio Cotelerii. *Antv.* 1700. 2 *vol. in-folio.*

238 D'Achery ſpicilegium ſive collectio veterum aliquot ſcrip-
torum qui in Galliæ Bibliothecis latuerant. *Pariſ.* 1723.
4 *vol. in-folio.*

139 Mabillon & Germain, Muſeum Italicum. *Pariſ.* 2 *vol. in-4.*

140 Tollii Epiſtolæ itinerariæ cum obſervat. Hennii. *Amſt.* 1700. *in-4.*

Théologiens Scholaſtiques.

141 Dictionnaire Theologiq. portatif, par M. Alletz. *Paris,* 1756. *in-8.*

142 Gerſonii Opera ſtud. Dupin. *Hag. Com.* 1727, 5 *vol. in-folio.*

143 Vuitaſſe Theologia. *Pariſ.* 1717. 16 *vol. in-12. v. f.*

144 Henr. à S. Ignatio, Ethica Amoris. *Leodii.* 1709. 3 *vol. in-fol.*

145 La Faillibilité des Papes dans les déciſions dogmatiq. *Holl.* 1720 2 *vol. in-12.*

146 L'accord de la grace & de la liberté, Poëme, par de la Baſſarderies. *Tournay.* 1740. *in-4.*

147 Oeuvres de Colbert. *Cologne.* 1750. 2 *vol. in-4.*

148 Diſſertation ſur les Bulles, contre Baius. *Utrecht.* 1737. 2 *vol. in-12.*

149 Juſtification de P. R. contre le P. Bouhours. *Amſt.* 1700. *in-12.*

150 La Paix de Clément IX. *Chamb.* 1700. *in-12.*

151 Imaginaires & les Viſionnaires, par Nicole. *Amſt. Elzev.* 1667. 2 *vol. in-12. m. r.*

152 Anecdotes ou Mémoires ſecrets ſur la Conſtitution *Unigenitus*, par de Villefore. 1753. 3 *vol. in-12.*

152 * Hiſt. générale du Janſeniſme, par Gerberon. *Amſt.* 1700. 3 *vol. in-12. fig.*

153 Hiſt. du livre des reflexions morales. *Amſt.* 1723. 4 *vol. in-4.*

154 La fréquente Communion, par Arnauld. *Paris.* 1644. *in-4.*

155 Réſolutions de pluſieurs cas de conſcience, par de Sainte-Beuve. *Paris,* 1689. 3 *vol. in-4.*

156 Summa Angelica de caſibus conſcentiæ compilata per Angelum de Clavaſio. *Nur.* 1488. *in-folio.*

157 Juenin de Sacramentis. *Lugd.* 1696. 2 *vol. in-folio.*

158 L'Eſprit de Jeſus-Chriſt & de l'Egliſe, par le P. Pichon. *Paris,* 1745. *in-12.*

159 Diſſertation ſur la validité des Ordinations des Anglois, par le P. le Courayer. *Paris,* 1723. 2 *vol. in-12.*

160 Réfutation du P. Courayer, par le P. Hardouin. *Paris,* 1724. & 25 2 *vol. in-12.*

161 Nullité des Ordinations Anglicanes, par le P. Lequien. *Paris,* 1725, 2 *vol. in-12.*

161 * Défense de la Dissertation du P. le Courayer. *Paris*, 1726.
4 *vol. in-12.*

162 La Défense des Ordinations Anglicanes, refutée par le P.
Hardouin. *Paris*, 1727. 2 *vol. in-12.*

163 Relation Historique & Apologetiq. des sentimens & de la
conduite du P. le Courayer. *Amst.* 1729. 2 *vol. in-12.*

164 Relation Historique & Apologetiq. de la conduite du mê-
me. *Amst.* 1729. 2 *vol. in-12.*

175 Traité sur les Miracles, par Serces. *Amst.* 1729. *in-12.*

Traités singuliers du Culte Religieux des Superstitions

166 Dallæi de Cultibus Religiosis latinorum. *Genev.* 1672.
in-4.

167 Ejusd. Dalæi adversis latinorum de Cultus Religios. *Geneve.*
1672. *in-4.*

168 Traité des Superstitions. *Amst.* 1740. 2 *vol. in-folio. fig.*

Traités singuliers des quatre dernieres fins de l'homme, du Purgatoire, l'Enfer, de l'Ante-Christ, & de la fin du Monde.

169 Collii de Animabus Paganorum. *Mediol.* 1738. 2 *vol. in 4.*

170 Tratado de Purgatorio contra Luthero del P. Fray. *Barcelon.*
1611. *in-4.*

171 Eloge de l'Enfer. *La Haye.* 1759. 2 *vol. in-12. v. f. t. f.*

172 La venue de l'Ante-Christ. *Paris*, 1602. La naissance de
l'Ante-Christ en Babilone, envoyé par l'Ambassadeur de
France. *Paris*, 1623. *in-12. m. r.*

Théologiens moraux.

173 La Morale pratique des Jésuites. 1683. 8 *vol. in-12.*

174 Morale des Jésuites. *Mons.* 1702, 3 *vol. in-12.*

175 Lettres Provinciales, par de Montalte. *Cologne.* (*Lavalle.*)
1675. *in-12.*

176 Les mêmes, en quatre Langues. *Amst.* 1684. *in-8.*

177 Les mêmes, avec les notes de Wendrock. *Amst.* 1753.
4 *vol. in-12.*

178 Cleander & Eudoxus, seu de Provincialibus quas vocant
litteris, Dialogi. *Patcol.* 1695. *in-8.*

179 Dissertation Théologiq. sur les Loteries. 1742. *in-12.*

180 Traité des restitutions des Grands , par Joly. *Holl.* 1665. *in-12. m. r.*

Théologiens Mystiques.

181 Thomæ à Keinpis , de Imitatione Christi. (*Lugd. Bat. Elzev.*) *in-16. l. v. r. m. r.*

182 De Imitatione Christi. *Lug. Bat. Elzev.* 1658. *in-12.*

183 Imitation de J. C. par Corneille. *Par.* 1680. *in-4. fig.*

184 Imitation de J. C. par le même. *Brux.* 1704. *in-12. fig.*

185 Epitres Spirituelles de S. François de Sales. *Paris ,* 1676. 2 *vol. in-8.*

186 Œuvres diverses de Sainte-Therese , par d'Andilly. *Paris ,* 1676 *in-4.*

187 Morale Chrétienne sur le Pater , par Floriot, *Paris ,* 1680. *in-4.*

188 Essais de Morale de Nicole. *Paris ,* 1724. 21 *vol. in-12.*

189 Lettres-Chrétiennes & Spirituelles de l'Abbé de S. Cyran. *Par.* 1648. 2 *vol. in-8.*

190 Conduite pour passer saintement la fête de la Pentecôte , par le P. Avrillon. *Paris ,* 1754. 3 *vol. in-12. m. r. d. de Tab.*

191 Retraite de dix jours sur les principaux devoirs de la Vie Religieuse. *Par.* 1723. *in-12. d. f. t.*

192 Considérations sur les Dimanches & les Fêtes des mystères. *Par.* 1670. 2 *vol. in-8.*

193 Hist. & Analyse du Livre de l'action de Dieu , par Boursier. 1753. 3 *vol. in-12.*

194 Explication du Mystere de la Passion , par Duguet. *Par.* 1732. 14 *vol. in-12.*

195 Le Christianisme Florissant, Naissant , Servant , par Rapine. *Par.* 1666. 9 *vol. in-4. gr. p. m. r. l. v. r.*

196 Agneau Pascal & Pratiq. de Piété , par Richard. *Coll.* 1683. 2 *vol. in-8.*

197 Elevations à Dieu sur tous les Mysteres , par Bossuet. *Par.* 1727. 2 *vol. in-12.*

198 De la Sainteté & des devoirs de la Vie Monastique. *Par.* 1683. 2 *vol. in-4.*

198 * Rikel de vita & moribus Canonicorum liber. *Col.* 1670. *in-12.*

199 Œuvres spirituelles de Fenelon. *Rott.* 1738. 2 *vol. in-4. gr. p.*

200 La Vie de Mad. Guion. *Col.* 1720. 3 *vol. in-12. v. f.*

201 De nova Quæstione tractatus tres auct. Bossuet. *Parif.* 1698. *in-8. m. r.*

202 Justifications de M. Guion , écrit. par elle-même. *Col.* 1720. 3 *vol. in-12.*

203 Natali Anorationes & Meditationes in Evangelia. *Anrv,* 1695. *in-fol. m. r.*

204 Les Contemplations historiées fur la Passion , par Gerson. *Par. Verard,* 1507. *in-4. fig.*

205 Méditations fur la Vierge , par Bruno. *Par.* 1602. *in-12.*

206 Le Miroir des Vierges , par le Blanc. *Dijon,* 1661. *in-12. v. f.*

207 Le Pré spirituel de Sophronius , Patriarche de Jérusalem , par J. Mové. *Par.* 1623. *in-12. v. f.*

208 La Violette de l'Ame , par Blandecq. *Arras,* 1600. *in-12. v. f. tr. f.*

209 Les Voies de Paradis , par Doré. *Rouen,* 1610. *in-8. m. r.*

210 Le Fouët de l'Académie des Pécheurs , par Sarazin. *Arras,* 1570. *in-8. v. f. tr. f.*

211 Le Chemin affeuré de Paradis , par de Salo. *Donay,* 1625. *in-12. v. f.*

212 La Philomele Seraphique , par Jan Evangéliste. *Tournay,* *in-12.* 1640.

213 La S. Philosophie de l'Ame , par Valladier. *Lyon,* 1626. *in-8. v. f. t. f.*

214 Le Promenoir sacerdotal , par d'Eudemare. *Rouen, in-12. v. f.*

215 Pratique de la Perfection Chrétienne , de Rodriguez, trad. par Regnier Desmarais. *Par.* 1688. 3 *vol. in-4.*

216 Méditations fur l'Histoire & la Concorde des Evangiles. *Lyon,* 1696. 3 *vol. in-12.*

Catéchistes & Sermonaires.

217 Pouget , Institutiones Catholicæ in modum Catecheseos. *Parif.* 1725. 2 *vol. in-fol.*

218 Catéchisme des Jésuites , par Pasquier. *Franof.* 1764. *in-8.*

219 Voragine Sermones de Sanctis per anni totius circulum. *Venet.* 1573. *in-8. v. f.*

220 Raulin Opus Sermonum quadragesimalium. *Parif. in-8. Gott.*

221 L. de Utino Sermones de Santis. *Lugd.* 1495. *in-8. v. f.*

222 Denyse Sermones. *Parif.* 1517. *in-12. m. r.*

222 * Horstius S. Bernardi Sermones. *Par.* 1666. *in-4.*

223 Roberti Sermones prestantissimi. 1603. *in-8. v. f.*

224 Sermons de l'Abbé Anselme. *Paris*, 1731. 6 *vol. in-12.*

225 Sermons & Pensées du P. Bourdaloue. *Par. Rigaud.* 1707. 16 *vol. in-8.*

226 Pensées du même. *Par.* 1734. 2 *vol. in-8,*

227 Sermons du P. Segaud. *Paris*, 1767. 6 *vol. in-12.*

228 Actions Chrétiennes, par le P. Simon. *Liége*, 1744. 14 *vol. in-12.*

229 Bibliotheque des Prédicateurs, par le P. Houdry. *Lyon*, 1731. 22 *vol. in-4.*

230 Œuvres de Grenade, trad. par Girard. *Par.* 1684. 10 *vol. in-8. m. r.*

231 Sermon prononcé à Charenton en 1664, par Gantois. *Sedan*, 1664. *in-12. v. ec. tr. f.*

232 Sermons de Claude. *Genéve*, 1728. *in-8.*

233 Sermons de Sherlock, par Joncourt. *La Haye*, 1723. 2 *vol. in-8.*

234 Sermons de Bertheau. *Amst.* 1730. 2 *vol. in-8.*

235 Sermons de Saurin. *Lausanne*, 1759. 12 *vol. in-8.*

236 Sermons de Werenfels, par Turrettin. *Amst.* 1723. *in-8.*

237 Sermons by Ric. Alleitrée. *Lond.* 1684. *in-fol.*

Théologiens Polemiques.

238 Exposition Abregée des preuves Historiq. de la Religion Chrétinne par Beauzee. *Par.* 1747. *in-12.*

239 Principes de Religion, par M. Roussel. *Par.* 1751. *in-12.*

240 L'Incrédule détrompé, par de Pontbriand. *Paris*, 1752. *in-8. v. f.*

241 L'Esprit d'Arnaud. *Devent* 1684. 2 *vol. in-12. m. r.*

242 Traité de la Vérité de la Relig. Chrétienne, par Abbadie. *Rotterd.* 1684. 2 *vol. in-8.*

243 Traité de la divinité de N. S. J. C. par le même. *Rotterd.* 1689. *in-12. v. f.*

244 Traité de la Vérité de la Religion Chrétienne, par Grotius. *Utrecht*, 1692. *in-12.*

245 Défense de la Religion, tant naturelle que revelée, par Brunet. *La Haye*, 1738. 6 *vol. in-12.*

246 Traité de la Justification du Pécheur devant Dieu, par Naudé. *Leyde*, 1736. *in-12.*

247 Les Principes de la Religion Chrétienne, par Wake. *Amst.* 1719. *in-12.*

248 Lettres Flamandes, par du Hamel. *Paris*, 1753. *in-12.*

249 Examen de la Religion Naturelle & Revelée, par Sykes. *Amst.* 1742. 2 *vol. in-12.*

250 Traité de l'Excellence de la Religion, par Bernard. *Amst.* 1744. 2 *vol. in-12.*

251 Traité de la Foi & devoirs des Chrétiens, par Burnet. *La Haye*, 1728. *in-12.*

252 Traité de la Repentance tardive, par le même. *La Haye*, 1741. *in--12.*

253 Christianisme raisonnable de Locke. *Amst.* 1740. 2 *vol. in-8.*

254 De l'Immortalité de l'Ame & de la Vie éternelle, par Sherlock. *Amst.* 1708. *in-8.*

255 Discours sur l'usage & les fins de la Prophétie, par le même. *Amst.* 1729. *in-8.*

256 La Pratique de la Morale Chrétienne, par Hammond. *Amst.* 1696. *in-12.*

257 Morale Chrétienne, par la Placette. *Amst.* 1701. *in-12.*

258 Essais de morale, par le même. *Amst.* 1716. 6 *vol. in-12.*

259 Examen de deux Traités nouvell. mis au jour, par le même. *Amst.* 1713. 2 *vol. in-12. v. f.*

260 La Mort des Justes, par le même, *La Haye*, 1729. 2 *vol. in-12.*

261 De l'Incrédulité, par le Clerc. *Amst.* 1733. *in-8.*

262 L'Existence & la Sagesse de Dieu, par Ray. *Utrecht*, 1729. *in-12.*

263 Traité de l'Amour de Dieu, par Saurin. *Amst.* 1701. 2 *vol. in-12.*

264 Phil. à Limborch, de Veritate Religionis Christianæ Amica collutio cum erudito Judæo. *Goud.* 1687. *in-4.*

265 Les trois Vérités, par Charron. *Leiden*, 1599. *in-4.*

266 Les mêmes. 1602. *in-12.*

267 De Walenburg, Tractatus de Controversiis fidei. *Colog.* 1670. 2 *vol. in-fol.*

268 Chillingworth the Religion of Protestants. *Lond.* 1727. *in-fol.*

269 La Religion Protestante, par le même. *Amst.* 1730. 3 *vol. in-12.*

270 Sentimens d'Erasme conformes à ceux de l'Eglise Catholique. *Cologne*, 1688. *in-12.*

271 Apologie de la véritable Théologie Chrétienne, par Barclay. *Lond.* 1702. *in-8.*

272 A Defence of Christianity from Prophecies of Th. Old. Testament by Edward. Lond. 1763. in-8.

273 Observat. on the History and Evidenes of the Resurrection of J. Christ by West. Lond. 1749. in-8.

274 Emanuel ou Paraphrase Evangelique, par le Noir. Amst. 1729. in-12. v. f.

274* The Works of the Most Rever. J. Tillotson. Lond. 1712. 3 vol. in-fol.

275 Catechisme par Osterval. Amst. 1721. in-12.

276 Traité contre l'Impureté, par le même. Amst. 1712. in-12. v. f.

277 Traité de Sources de la Corruption qui regne parmi les Chrétiens, par le même. Amst. 1709. in-12. v. f.

278 Que la Religion Chrétienne est très - raisonnable. Amst. 1696. 2 vol. in-12. v. f.

279 De l'unité de l'Eglise, par Nicole. Lille, 1709. in-12.

280 Triumphus Catholicæ veritatis advers. omnes hæreses aut. Ambrosio. Venet. 1619. in-4.

281 La Foi dévoilée par la raison, par Parisot. Paris, 1681. in-8.

282 Conformité de la Foi avec la raison, par Jaquelot. Amst. 1705. in-12.

283 Traité de la Vie Chrétienne, par Scot. Amst. 1699. 2 vol. in-12. v. f.

284 Dispute de la Messe, par David Derodon. Genève, 1662. in-8.

285 Traité du Dogme de la Probabilité (Holl.) 1731. in-12.

286 Le Sens littéral de l'Ecriture-Sainte, par Stackhouse. La Haye, 1741. 3 vol. in-12.

287 La Victoire de la Foi contre le monde. Genève. 1647. in-12. v. ec. tr. f.

288 Les Consolations de l'Ame contre les Frayeurs de la mort, par Drelincourt. Amst. 1724. 2 vol. in-8.

289 Lettres d'un Théologien Réformé, par de la Chapelle. Amst. 1737, 2 vol. in-12.

290 Théologie Physique, par Derham. La Haye, 1732. in-8.

291 Théologie Astronomique, par le même. Paris, 1729. in-8:

292 Théologie des Insectes, par Lyonnet. La Haye, 1742. 2 vol. in-8.

293 Théologie de l'Eau, par Fabricius, La Haye, 1741. in-8.

294 L'Existence de Dieu démontrée par les merveilles de la Na-

ture, par Nieuwentyt, trad. par Noguez. *Paris*, 1725. *in-4*

295 Pensées sur la Religion, par Beveridge. *Amst.* 1744. 2 *vol. in-12.*

296 Pensées sur la Religion, traduites de l'Angl. *Amst.* 1723. 2 *vol. in-12.*

297 Lettres sur la Religion essentielle à l'homme. *Lond.* 1738. 4 *vol. in-12.*

298 Lettres sur les vrais principes de la Religion, où l'on examine un Livre intilé la Religion essentielle à l'homme. *Amst.* 1741. 2 *vol. in-12. v. f.*

299 Défense du Christianisme, ou Préservatif contre les Lettres sur la Religion essentielle à l'homme. *Lond.* 1738. 2 *vol. in-12.*

Théologiens Hétérodoxes.

300 Histoire de l'Hérésie de Viclef, Jean Hus & Jérôme de Prague. *Lyon*, 1682. *in-12.*

301 T. Bezæ, Confessio Christianæ fidei & ejusdem collatio cum Papisticis hæresibus. *Genéve*, 1595. *in-8.*

302 Bezæ, Tractatus de Repudiis & Divortiis. *Lugd. Bat.* 1651. *in-12.*

303 Bezæ, Tractatio de Polygamia, in qua & Ochini Apostate pro polygamia. *Genéve*, 1610.... Tractatio de Repudiis & Divortiis. *Genéve*, 1610. *in-12.*

304 Histoire de la Confession d'Ausbourg. *Antv.* 1582. *in-4.*

305 Entretiens des Voyageurs sur la Mer. *La Haye*, 1740. 4 *vol. in-12. m. r.*

306 Histoire écrite dans un Voyage d'Italie, par Demiliane & Gavin. *Rotterd.* 1712. 5 *vol. in-12.*

307 Du Pouvoir des Souverains & de la liberté de conscience tr. de Noodt, par Barbeyrac. *Amst.* 1714. *in-12.*

308 H. Mori Opera. *Lond.* 1679. 2 *vol. in-fol.*

309 Mêlanges de Remarq. Critiq. Historiq. & sur les Dissertations de Toland, par Benoît. *Delf.* 1712. *in-8.*

310 M. (Reves) Servet, de Trinitatis erroribus Libri VII. anno 1731. *in-8. vel.*

311 Ochini de Purgatorio Dialogus. *Tiguri*, *in-8.*

312 Bibliotheca Fratrum Polonorum quos unitarios vocant, instructa operibus Socini, Crellii, Volzogenii, Brenii, &c. *Irenop.* 1656. 9 *vol. in-fol.*

313 Postel de Orbis Terræ Concordia. *in-8. v. f. m. f.*

314 Ejusd. Postellus de Orbis Terræ Concordia Libri IV. *in-fol.*

315 Les très-merveilleuses Victoires des femmes du N. Monde,
par le même. 1553 *in-12. m. r.*

316 Præ-adamitæ five Exercitatio quâ inducuntur primi homines
ante Adamum conditi aut. Isaaco la Peyrere. 1655. *in-12.*

317 Animadversiones in Librum Præ-adamitarum aut. Euseb.
Romano. *Par.* 1666. *in-12.*

318 Lettres de la Peyrere à Philotime. *in-12.*

319 Julii Cæf. Vanini Amphitheatrum æternæ Providentiæ,
Lugd. 1615.... Ejusdem Vanini de admirandis naturæ reginæ
Dialogorum Libri IV. *Parif.* 1616. 2 *vol. in-8.*

320 Apologia pro Vanino. *Cofmop.* 1712. *in-8.*

321 Alciphron, contre les Esprits-forts. *La Haye*, 1734. 2 *vol.
in-12.*

322 Tolandi Pantheisticon. *Cofmopoli*, 1720. *in-8. m. c.*

323 Adriani Beverlandi, Differtatio de Fornicatione cavenda
Admonitis. 1698.... Differtatio de Stolatæ virginitatis Jure.
Lugd. Batav. 1680. 2 *vol. in-12.*

324 Etat de l'homme dans le péché originel, trad. du lat. de
Beverland. *Holl.* 1740. *in-12.*

325 Le Ciel reformé, Essai de trad. du Spaccio della Bestia
Trionfante. 1750. *in-12. m. r.*

326 Nouvelles Pensées, par du Marsais. 1743. *in-12. m. r.*

327 Tractatus Theologico Politicus & Opera Posthuma. 1677.
2 *vol. in-4.*

328 Réfutation des Erreurs de spinofa, par Boulainvilliers.
Brux. 1721. 2 *vol. in-12.*

329 Traité des Cérémonies superstitieuses des Juifs, *Amst.*
1678. *in-12.*

330 Poiret, Cogitationes de Deo, anima & malo contra Spi-
nofam. *Amst.* 1685. *in-4.*

331 Cuperi Arcana Atheismi revelata Philofophice & Paradoxe
refutata examine Tractatus Theologo-Politici. *Rott.* 1676.
in-4 gr. p.

332 Regneri à Manfvelt adversus Anonymum Theologo-Politi-
cum. *Amstel.* 1674. *in-4.*

333

334 Examen du Traité de la liberté de penser. *Amst.* 1718.
in-12.

335 La Friponnerie Laïque des prétendus Esprits-forts d'An-
gleterre, ou Remarque de Phileleuthre de Leipfick (Bentley)

sur le Discours de la liberté de penser. *Amst.* 1738. *in-12.*

336 Wageinseilii Tela ignea Saitanæ. *Altd.* 1681. 2 *vol. in-4.*

337

338 Lettres écrites de Londres sur les Anglois & autres sujets, par M. de Voltaire. *Amst.* 1735. *in-8.*

338 * Lettres du même, avec plusieursPiéces de différens Auteurs. *La Haye,* 1718. *in-12.*

339 Recueil de Piéces par Albert Radicati. *Rott.* 1736. *in-8.*

340 Dionysii Carthusiani contra Alchoranum. *Colon.* 1533. *in-8.*

341 Religio Medici cum annotationibus. *Argent.* 1652. *in-8.*

342 L'Alcoran de Mahomet, par du Ryer. *Amst.* 1746. 2 *vol. in-12*

343 Relandi de Religione Mohammedica. *Traj.* 1717. *in-8. fig*

344 La Religion des Mahométans, trad. du même. *La Haye,* 1721. *in-8. fig.*

345 Religion ou Théologie des Turcs, par Musli. *Brux.* 1704. *in-12. fig.*

JURISPRUDENCE.

Droit Canonique.

346 Cabassutii Theoria & praxis Juris Canonici. *Lugd.* 1719. *in-4.*

347 Alteserra in Decretales Innocentii III. *Parif.* 1656. *in-fol.*

348 Dartis Opera Canonica. *Parif.* 1656. *in-fol.*

349 Les Droïts des Souverains, par Fra Paolo. *La Haye,* 1721. 2 *vol. in-12.*

350 Bellarmini, Tractatus de potestate Summi Pontificis in rebus temporalibus. *Colon.* 1611. *in-8.*

351 Traité de l'Autorité du Pape, par de Burigny. *La Haye,* 1720. 4 *vol. in-12. v. f.*

352 Mémoiress Historiques & Critiques sur la Vie & sur la Legende du Pape Grégoire VII. *S. Pourcain,* 1743. 3 *vol. in-12.*

353 Lucii Antistii Constantis de Jure Ecclesiasticorum liber singularis. *Leothop.* 1665. *in-12.*

354 Traité des Droits de l'Etat & du Prince sur les biens possédés par le Clergé. *Amst.* 1755. 4 *vol. in-12.*

355 Traité des deux Puissances, ou Maximes sur l'Abus, par l'Abbé Defoy. *Par.* 1752. *in-12. m. r.*

356 Carenæ Tractatus de Officio Sanctissimæ Inquisitionis. *Lugd.* 1649. *in-folio.*

357 Des Jugemens Canoniques des Evêques, par David. *Par.* 1671. *in-4.*

358 Pinssonii, Tractatus de Beneficiis Ecclesiasticis. *Parif.* 1654. *in-folio.*

359 Traité des Bénéfices de Fra Paolo Sarpi. *Amst.* 1692. *in-12.*

360 Traité des Droits du Roi sur les Bénéfices de ses Etats, par Simmonel. 1750. 2 *vol. in-4.*

361 Pouillie Général des Bénéfices. *Paris,* 1649. 9 *vol. in-4.*

362 Recueil Historique, Chronologique & Topographique des Archevêchés, Evêchés, Abbayes & Prieurez de France, par Beaunier. *Par.* 1726. 2 *vol. in-4.*

363 Traité de l'Abus, par Fevret. *Lyon,* 1736. 2 *vol. in-fol.*

364 Traité Historique & Chronolog. des Dixmes, par du Ferray. *Par.* 1738. 2 *vol. in-12.*

365 Statuta Ordinis Carthusianensis per Guigonem Priorem. *Baf.* 1510. *in-fol. fig. m. r. lv. r. à dent.*

366 Statuta ordinis Premonstratensis. 1500. *in-8. Gott.*

367 Traité de la Clôture des Religieuses, par Thiers. *Paris,* 1681. *in-12.*

368 Factum pour les Religieuses de Sainte-Catherine-les-Provins. *Doregnal.* 1679. *in-12. v. ec. tr. f.*

369 Toilette de l'Archevêque de Sens. 1660. *in-12.*

370 Le Moine Marchand, par Reinaud. *Amst.* 1714. *in-12.*

371 Traité contre le Commerce des Religieux, par le même. *Amst.* 1714. *in-12.*

372 La Sauce Robert, par Thiers. 1679. *in-8.*

373 Corpus Institutorum Societatis Jesu. *Antv.* 1709. 3 *vol. in-4.*

374 Regulæ Societatis Jesu. *Lugd.* 1606. *in-12.*

375 Le Mercure Jesuitique, par Godefroy. 2 *vol. in-8.*

376 Anecdotes Jesuitiques. *La Haye,* 1740. 3 *vol. in-12.*

377 Le Testament des Jésuites. *Lond.* 1738. *in-12.*

378 Onguent pour la Brûlure.... Les Enluminures du fameux Almanach des Jésuites. *Liege,* 1683. *in-12.*

379 Artes Jesuiticæ. *Salisburgi.* 1710. *in-12.*

380 Les Secrets des Jésuites. *Colog.* 1670... Factum pour les Religieuses de Sainte-Catherine-les-Provins, contre les PP. Cordeliers. *Doregnal,* 1679.... Onguent pour la Brûlure. *Colog.* 1670. *in-24.*

381 La Monarchie de Solipfes, par Inchoffer. *Amft.* 1754.
    in-12.
382 Réponfe au Traité des Etudes Monaftiq. par de Rancé.
    Par. 1692. *in-4.*
383 Lettres *Ne repugnate veftro bono. Lond.* 1750. *in-8.*
384 Les Statuts de l'Ordre du Saint-Efprit, établi par Henri III.
    Par. 1740. *in-4. m. à d.*
385 Statuts de l'Ordre de Saint-Michel. *Par.* 1725. *in-4.*
386 Hift du Droit Public, Canonique, Eccléfiaftique François.
    Par. 1750 3 *vol. in-12.*
387 Hiftoire du Droit Canonique. *Avign.* 1750. *in-12.*
388 Traité des libertés de l'Eglife Gallicane, avec les Preuves.
    par Pithou. *Par.* 1731. 4 *tom.* 2 *vol. in-folio.*
389 Du renverfement des Libertés de l'Eglife Gallicane. 1716.
    2 *vol. in-12.*
390 Défenfe de la Déclaration de l'Affemblée du Clergé de
    France de 1680, par Boffuet. *Amft.* 1747. 3 *vol. in-4. br.*
391 Défenfe de la célèbre Déclaration faite par le Clergé fur la
    Puiffance Eccléfiaftiq. le xix Mars 1682. 1735. 2 *tom.* 1 *vol.*
    in-4.
392 Extraits des Procès-verbaux du Clergé. *Par.* 1750. *in-12.*

Droit Civil, Droit Public & Droit Romain.

393 Le Droit de la Nature & des Gens, de Pufendorf, par
    Barbeyrac. *Amft.* 1712. 2 *vol in-4.*
394 Principes du Droit de la Nature & des Gens de Wolff, par
    Formey. *Amft.* 1758. 3 *vol. in-12.*
395 H. Grotii de Jure Belli ac Pacis Lib. III. nec non Gronovii
    notæ. *Amft.* 1712. *in-8.*
396 Droit de la Guerre & de la Paix, de Grotius, par Barbey-
    rac. *Amft.* 1729 2 *vol. in-4.*
397 Grotius of the Rights of War and Peace. *Lond.* 1715. 3 *vol.*
    in-8.
398 Recueil des Traités de Paix de Trêve, Neutralité & autres
    Actes publics. *Amft.* 1700. 4 *vol. in-fol.*
399 Corps Univerfel Diplomatique du Droit des Gens, avec le
    Supplément, par Dumont & Rouffet. *Amft.* 1726. 13 *vol.*..
    Hiftoire du Traité de Paix. *Amft.* 1725. 2 *vol.*.. Négocia-
    tions Secretes de la paix de Munfter & d'Ofnabrug. *Amft.*
    1725. 4 *vol.* en tout 19 *vol. in-fol.* ‡

400 Le même Corps Diplomatique , *gr. p.* 27 *vol. in-fol.*

401 Hist. des Traités de Paix de Vervins & Nimegue , par de S. Prest. *Amst.* 1727. 2 *vol. in-fol.*

402 Les mêmes. 2 *vol. in-fol. gr. p. br.*

403 Recueil Historiq. d'Actes & Négociations, Mémoires & Traités des paix, par Rousset. *La Haye,* 1728. 25 *vol. in-12.*

404 Actes , Memoir. & autres Pièces concern. la Paix d'Utrecht. *Utrecht.* 1714. 7 *vol. in-12.*

405 Hist. du Traité de Paix de Westphalie , par le P. Bougeant. *Par.* 1750. 6 *vol. in-12.*

406 La même. *Par.* 1767. 3 *vol. in-4.*

407 Recueil des Traites de Paix. *Par.* Léonard. 1699. 7 *vol. in-4.*

408 Fœdera Conventiones & Acta Publica édita curis Rymer. *Hag. Com.* 1755. 10 *vol. in-fol. C. M. br.*

408* Corn. Van-Bynkershoek Quæstionum juris publici libri duo. *Lugd. Bat.* 1752. 6 *vol. in-4.*

409 Hist. du Droit Romain. *Par.* 1620 *in-12.*

410 Vinnii notæ in IV. libros Institutionum. *Paris.* 1608. *in-12.*

411 Perezii Commentarius in V. & XX. Digestorum libros. *Amst.* 1669. *in-4.*

412 Corpus Juris Civ. Duarenii. *Lugd. Bat.* 1560. 2 *vol. in-fol.*

413 Corpus Juris Civilis, cum not. Gothofredi. *Amst. Elzev.* 1664. *in-8.*

414 Ejusd. Corpus Civilis. *Elzev.* 1681. *in-8.*

415 Vinnius ad Instituta . *Amstel. Elzev.* 1665. *in-4.*

416 Codex Theodosianus , cum Comment. Gothofredi. *Lugd.* 1565. 5 *tom.* 4 *vol. in-fol.*

417 A. Fabri Opera Juridica. *Lugd.* 1658. 9 *vol. in-fol.*

418 Les Loix Civiles , par Domat. *Par.* 1767. *in-fol.*

419 Hist. de la Jurisprudence Romaine , par Terrasson. *Paris* 1750. *in-fol.*

420 Ramos Tribonianus sive errores Triboniani de pœna parricidii. *Lugd. Bat.* 1752. *in-4.*

Droit François.

421 Essai sur les Principes du Droit & de la Morale, par d'Aube. *Par.* 1743. *in-4.*

422 Dictionn. de Droit & de Pratiq. par Ferrière. *Par.* 1762. 2 *vol. in-4.*

423 Recueil de Jurisprudence , par de la Combe. *Par.* 1736. *in-4.*

424 Décisions Notables sur diverses Questions du Droit, par Cambolas. *Toul.* 1735. *in-4.*

425 Traité de la Communauté, par le Brun. *Par.* 1755. *in-fol.*

426 Traités de la représentation du Double lien, par Guyné. *Par.* 1727. *in-4.*

427 Questions & Observations concernant les Matiéres Féodales, par Hevin. *Rennes*, 1736. *in-4.*

428 Mémoir. concernans le Comté-Pairie d'Eu, par Froland. *Par.* 1722. *in-4.*

429 Notabl. & singulier. Questions de Droit Ecrit, jugées au Parlement de Toulouse, par Maynard. *Toulonse*, 1751. 2 *vol. in-f.*

430 Instruction pour les Ventes des Bois du Roi, par de Froidour. *Par.* 1759. *in-4. fig. m. r.*

431 Style universel, *Toulouse*, 1757. 2 *vol. in-12.*

432 N. Introduction à la Pratique, par de Ferriere. *Par.* 1758. 2 *vol. in-12.*

433 Questions de Droit, par Bretonnier. *Par.* 1742. *in-12.*

434 N. Réglemens de la Justice. *Par.* 1719. 2 *vol in-12.*

435 Traité des Contrats de Mariage. *Par.* 1722. *in-12.*

436 Traité de la Preuve par les Témoins en matiére Civile, par Danty. *Par.* 1727. *in 4.*

437 La Pratique universelle des Terriers & des Droits Seigneuriaux, par de la Poix de Freminville. *Par.* 1762. 6 *vol. in-4.*

438 Traité des Matiéres Criminelles. *Par.* 1742. *in-4.*

439 N. Examen de l'Usage général des Fiefs en France, par Bruffel. *Par.* 1727. 2 *vol. in-4.*

440 Traité de la Police, par de la Mare. *Par.* 1722. 4 *vol. in-fol.*

441 Le même, tom. 4. *Par.* 1730. *in-folio.*

Coutumes.

442 N. Coutumier Général, par de Richebourg. *Par.* 1724. 4 *vol. in-folio.*

443 Coutumes d'Anjou, par du Pineau. *Par.* 1698. *in-fol.*

444 Coutumes d'Angoumois, par Vigier. *Angoul.* 1720. *in-fol.*

445 Coutumes Locales de la Ville d'Arras. *Par.* 1746. *in-4.*

446 Coutumes de Bar, par Marlorat. *S. Michel.* 1623. *in-4.*

447 La Coutume de Berry, par Mauduit. *Par.* 1624. *in-8.*

448 Pontani Commentarii in consuetudines Blesenses. *Parif.* 1677. *in-fol.*

449 Dargentré, Commentarii in consuetudines Ducatus Britannix. *Par.* 1660. *in-fol. gr. p.*

450 Coutume de Bretagne. *Nant.* 1725. *in-4.*

451 Consultations & Observations sur la Coutume de Bretagne, par Hevin. *Rennes,* 1734. *in-4.*

451 Coutumes de Cambray, par Pinault. *Douay,* 1671. *in-4.*

453 Coutumes de Chartres, par Couart. *Chartres,* 1687. *in-8.*

454 Coutumes de Chaumont, par Gousset. *Chaum.* 1722. *in-8.*

455 Coutumes de Meaux, par Champy. *Paris,* 1682. *in-12.*

456 Coutume de Montargis, par Dumoulin. *Paris,* 1629. *in-4.*

457 Coutumes de S. Omer. *Paris,* 1744. *in-4.*

458 Coutumes d'Orléans, par Dumoulin. *Orléans,* 1711. *in-12.*

459 N. Comment. sur la Coutume de Paris, par Ferriére. *Paris,* 1751. 2 *vol. in-12.*

460 Coutume de Picardie & Vermandois. *Paris,* 1726. 4 *vol. in-folio.*

461 Principes Génér. de la Coutume de Poitou, par Marques. *Poitiers,* 1764. *in-12.*

462 Observations sur la Coutume de Poitou, par Lelet. *Poitiers,* 1710. *in-4. m. r.*

463 Coutumes de Sens, par Penou. *Sens,* 1711. *in-8.*

464 Comment. sur la Coutume de Troyes, par Rochette. *Troyes,* 1596. *in-8.*

465 Coutumes de Namur. *La Haye,* 1736. *in 4.*

Edits, Ordonnances & Arrêts.

466 Recueil concernant la Ferme des Droits de Contrôle des Actes des Notaires. *Paris,* 1714. *in-4.*

467 Recueil des Réglemens des Manufactures & Fabriques du Royaume. *Paris,* 1730. 4 *vol. in-4.*

468 Edits, Déclarat. Ordonn. Arrêts & Reglemens concern. l'Hôtel des Invalides. *Paris,* 1728. *in-4.*

469 Edits, Ordonn. Arrêts & Reglemens sur le fait des Mines & Miniéres de France. *Paris,* 1728. *in-12.*

470 La gr. Conférence des Ordonnances, par Guenois. *Paris,* 1660. 3 *vol. in-folio.*

471 Conférences des Ordonn. de Louis XIV. par Bornier. *Paris,* 1744. 2 *vol. in-4.*

472 Edits, Ordonnances des Rois sur les Eaux & Forêts, par Saint-Yon. *Paris,* 1610. *in-folio.*

473 Instruction pour les Ventes des Bois du Roi, par Bernier. *Paris,* 1759. *in-4. m. r.*

474 Conſtans, Traité de la Cour des Monnoies. Par. 1652. in-folio. gr. p.

475 Traité des Monnoies, par Boizard. Par. 1714. 2 vol. in-12.

476 Eſſai ſur les Monnoies, ou Reflexions ſur le rapport entre l'argent & les denrées, par Dupré de Saint-Maur. Par. 1746. in-4.

477 Commentaire ſur les Tarifs des contrôles des Actes. Avign. 1746, in-8.

478 Hiſt. des Edits de Pacification & des Moyens que les Reformés ont employé pour les obtenir, par Soulier. Paris, 1692.

479 Dictionn. des Arrêts, par Brillon. Par. 1727. 6 vol. in-folio.

480 Journal du Palais. Par. 1755. 2 vol. in-folio.

481 Journal des Audiences, par Dufreſne, &c. Par. 1733. 7 vol. in-folio.

482 Œuvres de Bacquet, par de Ferriére. Lyon. 1744. 2 vol. in-folio.

483 Arrêtés de M. le P. Préſid. de Lamoignon. Par. 1702. in-4.

484 Arrêts de le Prêtre, augmentés par Gueret. 1679. in-folio.

485 Les mêmes. Par. 1679. in-folio. gr. p.

486 Recueil des Arrêts, par Louet. Par. 1678. 2 vol. in-folio.

487 Receils d'Arrêts, par Sœfve. Par. 1682. in-folio. 2 vol. gr. p. m. r.

488 Receil d'Arrêts, par Bardet. Par. 1690. 2 vol. in-folio.

489 Arrêts de Provence, par de Boniface. Lyon, 1689. 6 vol. in-folio.

490 Déciſions ſommaires du Palais, par la Peyrere. Bord. 1717. in-folio.

491 Arrêts notables du Parlement de Toulouſe, par la Roche-Flavin. Toulouſe, 1682. in-4.

492 Notables & Singulier. queſtions du Droit-Ecrit au Parlement de Toulouſe, par de Maynard. Toulouſe, 1751. 2 vol. in-folio.

493 Arrêts de Bourgogne, par Bouvot. Genev. 1628. 2 vol. in-4.

494 Arrêts du Parlement de Toulouſe, par de Catellan. Touls. 1705. 2 vol. in-4.

495 Arrêts du Parlement de Toulouſe, par de la Roche-Flavin. Toulouſe, 1682, in-4.

Jurisconsultes François.

496 Œuvres de Grimaudet. *Par. 1669, in-folio.*

497 Molinæi Opera omnia. *Parif. 1681. 5 vol. in-fol.*

498 Œuvres de Guy Coquille. *Par. 1646. 2 vol. in-fol.*

499 Œuvres d'Epeisses. *Lyon, 1756. 3 vol. in-fol.*

500 Œuvres de Loyseau. *Par. 1660 in-fol.*

501 Œuvres Posthumes de d'Héricourt. *Par. 1759. 4 vol. in-4.*

502 Recueil Général du Procès du P. Girard avec la Demoiselle Cadiere. *Aix, 1731 5 vol. in-12.*

503 Suite des Causes celébres. *Douay, 1761. in-12.*

504 Procès pour la Succession d'Ambroise Guys contre les Jésuites. *in-12.*

505 Pieces originales & procédures du Procès, fait à R. Ft. Damiens. *Par. 1757. in-4.*

506 Mémoires pour le sieur de la Bourdonnais. *Par. 1751. 2 vol. in-4.*

507 Mémoir. pour le même. *Par. 1751. 3 vol. in-12.*

Droit Etranger.

508 Recueil d'Ordonnances du Roi & Réglemens du Conseil d'Alsace. *Colmar, 1738. in-fol.*

509 Intérêts des Princes d'Allemagne, *sous le nom d'Hipolitus à Lapide. Freinst. 1712. 2 vol. in-12.*

510 De Mean ad Jus Civile Leodiensium, Observationum & rerum Judicatarum. *Leod. 1670. 6 tom. 3 vol. in-fol.*

511 Le Droit Germaniq *Amst. 1749. 2 vol. in-12.*

512 Capitulation Harmoniq. de Maldener. *Par. 1701. in-4.*

513 Mémoires, Instructions sur la vacance du Trône Impérial. *Amst. 1741. in-12.*

514 The Lawf. & Acts, of Parliament by Murray. *Edinb. 1671. in-fol.*

SCIENCES ET ARTS.

Philosophie Ancienne & Moderne.

515 Diog. Laertii Vitæ Dogmatibus Philosophorum. *Venet. 1497. in-fol.*

516 Diogenis Laertii de Vitis Dogmatibus, Philosophorum Libri X. cum annot. Casauboni & Menagii *Amst. 1692. 2 vol. in-4.*

517 Diogene Laërce. *Par. 1668. 2 vol. in-12.*

518 Les Vies des Philofophes plus illuftres de l'Antiquité.
   Amft. 1761. 3 *vol. in-*12.

519 Hift. Critiq. de la Philofophie , par Deflandes. *Amft.* 1730.
   4 *vol. in-*12.

519* Hieroclis in aurea Carmina Commentarius Gr. & Lat.
   cum not. *Londini* , 1742. *in-*8.

520 Platonis Opera Gr. & Lat. per Serranum. *Parif. H. Steph.*
   1578. 2 *vol. in-fol.*

321 Marfilii Ficini Opera. *Parif.* 1641. 2 *vol. in-fol.*

522 Maximii Tyrii Philofophi Platonici Differtationes Gr. Lat.
   ex Intrepret. Heinfii & cum Davifii notis. *Cantab.* 1703. *in-*8.

523 Œuvres de Platon , par Dacier. *Par.* 1699. 2 *vol. in-*12.

524 Cherftomathia Platoniana. *Turici* , 1756. *in-*8.

525 La Républiq. de Platon, par de la Pillonniere. *Lond.* 1726.
   *in-*4.

526 L. An. Senecæ Opera. *Lugd. Bat. Elzev.* 1640. 3 *vol. in-*12.
   m. r.

527 Boethii de Confolatione Philofophiæ Libri V. *Amft.* 1668.
   *in-*24. *m. r.*

528 Beozio della Confolazion della Filofofia, tradotto da Var-
   chi. *Venezia* , 1737. *in-*8.

529 La Vie de Pythagore , par Dacier. *Par.* 1706. 2 *vol. in-*12.

530 Le Philofophe Payen , ou Penfées de Pline , par Formey.
   Leyde , 1759. 3 *vol. in-*12.

531 Ciceronis de Amicitia. *Parif.* 1750. *in-*32. *m. r.*

532 Cirelli Ethica Ariftotelica. *Selenob. in-*4.

533 Les Hipotipofes , ou Inftitutions Pirroniennes de Sextus
   Empericus. *Holl.* 1725. *in-*12.

534 Hobbes Opera Philofophica. *Amft.* 1668. 2 *vol. in-*4.

535 Plot de Origine fontium tentamen Philofophicum. *Oxonii* ,
   1685. *in-*12.

536 Wolff Philofophia Moralis five Ethica Methodo Scientifica
   pertractata. *Hala* , 1750. 5 *vol. in-*4.

537 La Belle Wolfiene. *La Haye* , 1741. 3 *vol. in-*12.

538 Elémens de la Philofophie Morale , par de Joncourt. *La
   Haye* , 1756. *in-*12.

539 Brixia Philofophia fenfuum Mechanica. *Brix.* 1733. 2 *vol.
   in-*4.

540 Principes de Philofophie , ou Preuves naturelles de l'exif-
   tence de Dieu , par Geneft. *Par.* 1716. *in-*8.

541 Recueil de diverfes Pièces fur la Philofophie, la Religion
                       naturelle,

naturelle, &c. par Leibnitz, Clarke, Newton, *Lauf.* 1759. 2 *vol. in-12.*

542 Syftême de Philofophie, par Regis. *Paris,* 1690. 3 *vol. in-4.*

543 An Account of Sir Newtons Philofophical, Difcoveries by Maclaurin. *Lond.* 1748 *in-4. v. f.*

544 Hutchefon Philofophia Moralis *Glafg.* 1742. *in-12.*

545 Elemens de la Philofophie Moderne, par Maffuet. *Amft.* 1752. 2 *vol. in-12.*

546 Effai Philofophiq. fur la Providence. *Paris,* 1728. *in-12.*

547 Elemens de la Philofophie de Newton, par M. Voltaire. *Amft.* 1738. *in-8.*

548 Gometii Pereyræ Antoniana Margarita Opus nempè Phyficis, *Methymne campi de millis* 1554........ Objectiones Mich. à Palacios adverfus nonnulla ex Paradoxis Ant, Margaritæ, cum refponfionibus & apológiâ eorumdem per Geom. Peyreyram 1555.... Ejufd Nova veraque Medicina experimentis & evidentibus rationibus comprobata. *Methymna,* 1558. 2 *tom.* I *vol. in-folio.*

549 Manuel Philofophiq. ou Précis univerf. des Sciences, par Panckoucke. *Paris,* 1748. 2 *tom.* I *vol. in-12.*

550 Traité Philofophique des Loix naturelles, trad. de Cumberland, par Barbeyrac. *Amft.* 1744. *in-4.*

551 Le même. *Amft. in-4. gr. p.*

552 De la Conftance, Ouvrage Philofophique, trad. de Jufte Lipfe. *Paris.* 1741. *in-12. m. r.*

Logique, Morale & Œconomie.

553 Theophrafti Caracteres ex recenf. Needham Gr. & Lat. *Glafg.* 1743. *in-12.*

554 Les Caracteres de Théophrafte, par de la Bruyere. *Paris,* 1696. *in-12.*

555 Les mêmes. *Paris,* 1757. 2 *vol. in-12.*

556 Jonftoni Enchiridion Ethicum. *Lugd. Bat. Elzev.* 1634. *in-32.*

557 Epicteti Enchiridion & Cebitis Thebani Tabula Gr. Lat. cum varior. not. *Lugd. B.* 1670. *in-8.*

558 Epicteti Manuale Gr. & Lat. *Glafg.* 1744. *in-12. v. c. d. f. s.*

559 Les Morales d'Epictete, de Socrate, de Plutarque & de Seneque (par Defmarets de S. Sorlin) *au Château de Richelieu.* 1653. *in-8. m. r.*

D

560 Le Manuel d'Epictete, par Cocquelin. *Paris*, 1688. *in-12*.

561 L'Orloge des Princes, auquel est contenu le Livre d'or de Marc-Aurele, par de Guevare. *Paris*, 1561. in.8.

562 La Morale d'Epicure, par M. Batteux. *Paris*, 1758. *in-12*.

563 Reflexions, Sentences & Maximes morales, par Amelot de la Houssaye. *Paris*, 1754. *in-12*.

564 Les Pensées, Maximes & Reflexions morales de la Roche-foucault, par de la Roche. *Paris*, 1754. *in-12*.

565 La Grandeur d'Ame, le Cri de la Vérité, le Véritable Mentor, la Jouissance de soi-même, la Conversation avec soi-même, de la Gaieté, l'Univers énigmatique, les Caractéres, par Caraccioli. *Avign* 1762. 8 *vol. in-12*..

566 Les Œuvres de Van-Effen. *Amst.* 1741. 5 *vol. in-12*.

567 La Bagatelle, par le même. *Amst.* 1719. 3 *vol. in-12*.

568 Traité de la Connoissance de soi-même, par Mason. *Amst.* 1765. *in-8*.

569 L'Art de Connoître les hommes, par de la Chambre. *Amst. Elzev.* 1660. *in-12*.

570 Ecole du Gentilhomme. *La Haye*, 1761. *in-12*.

571 Paradoxes, ou les Opinions renversées de la plûpart des hommes. *Rouen.* 1638. *in-12. v. f.*

572 Le Militaire en Solitude, ou le Philosophe Chrétien. *La Haye*, 1736. *in-12*.

573 Traité de l'Esprit de l'homme, par de la Forge. *Amst. in-12*.

574 L'Esprit du Siécle, par de S. Hilaire. *Paris*, 1746. *in-12*.

575

576 Les Hommes, par de Varennes. *Paris*, 1734. 2 *vol. in-12*.

577 The Spectator. *London.* 1744. 8 *vol. in-12*.

578 Le Spectateur, ou le Socrate moderne, trad. de l'Anglois. *Amst.* 1756. 7 *vol. in-12*.

579 The Guardian. *Edimb.* 1754. 2 *vol. br.*

580 The Lively Oracles given to us, by Whole Duty of Man, &c. *Oxford.* 1678. *in-8*.

581 The Ladies Calling by Whole Duty of Man, &c. *Oxford.* 1676. *in-8*.

582 Della Instituzion Morale di Piccolomini, Libri III. *Venet.* 1575. *in-4*.

583 Characteristicks of men, manners Opinions, Times, &c. by Shaftesbury. *Lond.* 1733. 3 *vol. in-12. br.*

584 The Complaint or Night-Thoughts. 1758. *in-8. br.*

585 Eclaircissement sur les Mœurs , par Toussaint. *Amst.* 1762. *in-12.*

586 Le Miroir qui ne flatte point , par de la Serre. *Paris*, 1639. *in-12.*

587 Le Monde, par Adam Fitz-Adam. *Leide*, 1757. 2 *vol.* 1636. *in-12.*

588 Revelation Examin'd with Candour. *Lond.* 1732. *in-8.*

589 The Life of the Emper. Marcus Antonius translated by Collier. *Lond.* 1708. *in-8.*

590 The Meditations of the Emperor Marc. Aurel. Antonius. *Glasg.* 1752. *in-12. br.*

591 Le Réformateur. *Amst.* 1756. 2 *tom.* 1 *vol. in-12. v. f. tr. f.*

592 Le Spectateur Franç. par de Marivaux. *Paris*, 1754. 2 *vol. in-12.*

593 La Fable des Abeilles , ou les Fripons devenus honnêtes-gens , trad. de Mandeville. *Lond.* 1750. 4 *vol. in-12.*

594 Conseils de l'Amitié , par l'Abbé Pernetti. *Lyon*, 1746. *in-12.*

595 Essais sur les Passions & sur leurs Caracteres, par M Montenault. *La Haye* , 1748. 2 *vol. in-12.*

596 Reflexions sur les défauts d'autrui , **par de Villiers.** *Paris*, 1734. 2 *vol. in-12.*

597 L'Ecole du Monde , par le Noble. *Par.* 1694. 4 *vol. in-12. v. f. d. f. t.*

598 Les Etudes convenables aux Demoiselles , par Panckoucke. *Par.* 1762. 2 *vol. in-12.*

599 Cours des Sciences , par le P. Buffier. *Par.* 1732. *vol. in-folio.*

600 L'Homme d'un Livre , ou Biblioth. dans un seul petit livre , par Eud. de l'Arche. *Leyde*, 1718. *in-12.*

601 Magazin des Enfans, par Mad. le Prince de Beaumont. *Leyde*, 1757. 4 *tom.* 2 *vol. in-12.*

602 Magazin des Adolescentes , par la même. *Leyde* , 1760. 4 *tom.* 2 *vol. in-12.*

603 Testament , ou Conseil d'un Pere à ses Enfans , par de la Hoguette. *Amst.* 1696. *in-12.*

604 De l'Education des Enfans , trad. de l'Angl. de Locke , par Coste. *Amst.* 1744. 2 *vol. in-12.*

605 Discours Œconomique , montrant comme de cinq cens livres , pour une fois employées l'on peut tirer par an quatre mille cinq cens livres de profit honnête, par Prudent le Choiselat. *Rouen*, 1611. *in-14.*

Politique.

606 Aristotelis Politicorum Libri VIII. *Lugd. Bat. Elzev.* 1621. *in-8.*

607 Hobbes Leviathan. *Rotterd.* 1670. *in-4.*

608 Hobbes Elementa Philosophica de Cive. *Amst.* 1742. *in-12.*

609 Epistolica Dissertatio de Principiis justi & decori continens Apologiam pro Tractatu Hobbæi de Cive. *Amst. Elzev.* 1651. *in-12.*

610 Elemens Philosophiq. du Citoyen, par le même. *Amst.* 1689. *in-12.*

611 Le Corps Politique, ou les Elemens de la Loi morale & civile, par le même. 1652. *in-12. m. r.*

612 Des Corps Politiq. & de leurs Gouvernemens. *Lyon*, 1766. 3 *vol. in-12.*

613 Junii Bruti (Hub. Langueti) Vindiciæ contra Tyrannos. *Francof.* 1608. *in-8. m. r.*

614 De la Puissance légitime du Prince sur le Peuple, & du Peuple sur le Prince, par le même (H. Languet). 1581. *in-8. m. r.*

615 De Optimo Reipublicæ statu de que nova insula Utopia Libri II. aut. Moro. *Glasg.* 1750. *in-12.*

616 Marianâ de Rege & Regis institutione. *Francof.* 1611. *in-8.*

617 Tutte le Opere di Machiavelli. 1550. *in-4.*

618 Tutte le Opere di N. Machiavelli. *Haya.* 1726. 4 *vol. in-12.*

619 Œuvres de Machiavel. *La Haye*, 1743. 6 *vol. in-12.*

620 L'Anti-Machiavel, ou Examen du Prince de Machiavel, par M. de Voltaire. *Amst.* 1747. *in-12.*

621 Hieron, ou Portrait de la condition des Rois, par Xénophon, Gr. & Franç. par Coste. *Amst.* 1711. *in-12.*

622 Les Devoirs de l'homme & du citoyen, trad. du B. de Puffendorf, par Barbeyrac. *Lond.* 1741. 2 *vol. in-12.*

623 La Politique du Chev. Bacon. *Lond* 1742. *in-12.*

624 Discours sur le Gouvernement, par Sidney, trad. par Sanson. *La Haye*, 1702. 3 *vol. in-12.*

625 L'Homme détrompé, ou le Criticon de Baltaz. Gracien. *La Haye*, 1709. 3 *vol. in-12.*

626 Le Parfait homme de Guerre, *Par.* 1697. *in-12.*

627 Science des Princes , ou Considérations Politiques sur les
coups d'Etat, par Naudé. 1673. *in-8.*

628 Science des Princes , ou Considérations Politiq. sur les
coups d'Etat , par le même. *Par.* 1752. 3 *vol. in-12.*

629 Considérations Politiq. sur les coups d'Etat , par le même ,
avec les Remarques (de Louis du May). *Rome*, 1673. *in-8.*

630 Les mêmes. *Holl.* 1639. *in-12.*

631 Discours Politiq. & Militaires de la Nouë. *Basle* , 1587.
in 8.

632 Le Ministre d'Etat , par de Silhon. *Holl.* 1641. 3 *vol. in-12.*

633 Muslladini Sadi Rosarium politicum , cum not. Gentii.
Amst. 1661. *in-folio*

634 Mescolanze d'Egidio Menagio. *Parigi* , 1678. *in-8.*

635 Cortegiano , libro del conte Baldesard Castiglione. *Venet.*
Ald. 1528. *in-fol. d. f. t.*

636 L'Ami des hommes , par M. Mirabeau. *Avig.* 1756. 5 *vol.*
in-4.

637 Le Breviaire des Courtisans , par de la Serre. *Par. in-12.*
fig.

638 Question Royale & sa décision , par de S. Cyran. *Par.* 1609.
in-12.

639 Lettres à un jeune Prince , par un Ministre d'Etat chargé
de l'élever , de l'instruire. *Amst.* 1755. *in-12.*

640 Le Miroir & Institution du Prince , par Maugin. *Par.* 1573.
in-8. v. f.

641 Le Free-Holder , ou l'Anglois jaloux de sa liberté. *Amst.*
1727. *in-12.*

642 Le Persan en Empire , ou Correspondence dans les princi-
pales Cours de l'Europe. *La Haye* , 1742. *in-12.*

643 L'Espion de Thain-Kouli-kan dans les Cours de l'Europe ,
par Rochebrune. *Colog.* 1746. *in-12.*

644 Les Intérêts présens des Puissances de l'Europe , par Rous-
set. *La Haye* , 1734. 17 *vol. in-12.*

645 Les mêmes. *La Haye* , 1736 3 *vol. in-4.*

646 Testament Politiq. d'Albéroni. *Lausane* , 1754. *in-12.*

647 Ouvrages de Politiq. de l'Abbé de Saint-Pierre. *Rotterd.*
1738. 19 *vol. in-12.*

649 Discours sur la Polysynodie , par le même. *Amst.* 1719.
in-12.

650 L'Ambassadeur & ses Fonctions, par Wicquefort. *La Haye* ,
1730. 2 *vol. in-4.*

651 Mémoir. & Inſtruct. pour les Ambaſſadeurs, par de Walſin-
gham. *Amſt.* 1700. *in-4.*

Finances & Commerce.

652 Mémoire pour ſervir à l'Hiſt. générale des Finances, par
Déon de Beaumont. *Lond.* 1758. 2 *vol. in.12.*

653 Eſſai ſur les Monnoies, ou Reflexions ſur le rapport entre
l'argent & les denrées, par Dupré de S. Maur. *Par.* 1746.
in-4.

654 Traité des Monnoies, par de Bettange. *Avig.* 1760. 2 *vol.*
in-12.

655 Réflexions ſur le même Livre. *Par.* 1716. *in-12.*

656 Projet d'une Dîme Royale, par de Vauban. 1707. *in·12.*

657 Recherches & Conſidérations ſur les Finances de France,
par M. Forbonnais. *Baſle.* 1758. 2 *vol. in-4.*

658 Conſidérations ſur les Finances d'Eſpagne, par le même.
Dreſde. 1754. *in-12.*

659 Reflexions Politiq. ſur les Finances & ſur le Commerce,
par Dutot. *Par.* 1755. 2 *val. in-12.*

660 Examen du même Livre, par Deſchamps. *La Haye,* 1740.
2 *vol. in-12.*

661 Traité ſur le Commerce & la réduction de l'intérêt de
l'argent, par Child. *Amſt.* 1744. *in-12.*

662 Recherches ſur la valeur des monnoies & ſur le prix des
grains *Par.* 1762.... Conſidérations ſur les Moyens de réta-
blir en France les bonne eſpeces de bêtes à laines. *Paris,*
1762. *in-12.*

663 A. Survey of Trade by Wood. *Lond.* 1722. *in-8.*

664 Manuel Hiſtorique, Géographique & Politique des Négo-
cians. *Lyon,* 1762. 3 *vol. in-8.*

665 Elémens du Commerce, par M. Veron de Forbonnais.
Par. 1754. 2 *vol. in-12.*

666 Eſſai ſur les cauſes du déclin du Commerce, par M. l'Abbé
de Gua de Malves. 1757. 2 *vol. in-12.*

667 Eſſai ſur la nature du Commerce. *Lond.* 1755. *in-12.*

668 Le Négociant Anglois: The British Marchant. *Par.* 1753.
2 *vol. in-12.*

669 Traité ſur le Commerce & ſur les avantages qui reſultent
de la réduction de l'intérêt de l'argent par Child, trad. par
M. Butel du Mont. *Par.* 1759. 2 *vol. in-12.*

669 * Remarques fur les Avantages & Défavantages de la France & de la Grande-Bretagne, par rapport au Commerce, par M. Danguel. *Par.* 1754. *in-*12.

670 Effai Politique fur le Commerce, par Mellon. *Par.* 1736. *in-*12.

671 Le grand Tréfor Hiftorique & Politique du floriffant Commerce des Hollandois. *Rouen*, 1712. *ia-*12.

672 Effai fur l'Etat du Commerce d'Angleterre. *Lond.* 1755. 2 *vol. in-*12.

673 Théorie & Pratique du Commerce & de la Marine, par de Uftariz. *Par.* 1753. *in-*4.

674 The Theory and Practice of Commerce and maritime affairs by Geron de Uztariz tranfl. by Kippax. *Lond.* 1751. 2 *vol. in-*8.

675 Effai fur l'intérêt du Commerce maritime, par d'Heguerty. *Par.* 1754. *in-*12. *gr. p. m. r.*

676 Hift. du Commerce & de la Navigation des Egyptiens, par Ameilhon. *Par.* 1766. *in-*12.

677 Effai fur la Marine & fur le Commerce, par Deflandes. *Par.* 1745. *in-*8.

678 Reflexions fur les avantages des Toiles peintes en France. *Par.* 1758.... l'Etat des Arts en Angleterre, *Par.* 1755. *in-*12.

Métaphifique.

679 Effai Philofophique fur l'Entendement humain, par Locke, trad. par Cofte. *Amft.* 1742. *in-*4.

680 Traité Philofophique de la foibleffe de l'efprit humain, par Huet. *Lond.* 1741. *in-*12.

682 Le Newtonianifme pour les Dames, par Duperron de Caftera. *Par.* 1738. 2 *vol in-*12.

683 De la Certitude des Connoiffances humaines. *Lond.* 1741. *in-*12.

684 ▬▬▬▬▬▬▬▬▬▬▬▬▬▬ *m. r.*

685 Differtation fur l'Immatérialité & l'Immortalité de l'Ame, par Aftruc. *Par.* 1755. *in-*12.

686 Traité des Animaux, par de Condillac. *Par.* 1755. *in-*12.

687 ▬▬▬▬▬▬▬▬▬▬

688 Entretiens fur la nature de l'Ame des bêtes. *Bafle.* 1760. *in-*12.

689 Hift. critique de l'Ame des bêtes, par Guer. *Amft.* 1749. 2 *vol. in-*12.

690 Pfychologie , ou Traité fur l'Ame , par Wolf. *Amft.* 1755. *in-12.*

691 Apologie des Bêtes , par de Beaumont. *Par.* 1732. *in-8.*

692 Venus Phyfique , par de Maupertuis. *La Haye* , 1746. *in-12.*

693 Effai Philofophique fur l'Ame des bêtes , par Boullier. *Amft.* 1728. *in-12.*

693 * Amufement Philofophique fur le langage des Bêtes, par le P. Bougeant. *Par.* 1739.... Hift. de Louis Mandrin. *Par.* 1755. *in-12.*

694 C. Agrippa Opera. *Lugd. per Beringos Fratres.* 2 vo.. *in-8.*

694 * La Philofophie occulte de C. Agrippa. *La Haye* , 1727. 2 *vol. in-8.*

695 La même. *La Haye* , 2 *vol. in-8. gr. p.*

696 Encheridion Leonis Papæ. *Romæ* , 1660. *in-24.*

697 Pfellus de Operatione Dæmonum è Græco tranflatus. *Par.* 1577. *in-12.*

698 Le Comte de Gabalis , ou Enrretiens fur les Sciences fe-cretes. *Colog. in-12. l. v. r. m. v. d. m. v.*

699 Hift. des Diables de Loudun. *Amft.* 1716. *in-12.*

700 Lettres fur la Baguette. *Par.* 1696. *in-12.*

701 La Géomance , Abrégée de la Taille. *Par.* 1574. *in-4.*

702 La Chiromance , par de Peruchio. *Par.* 1656. *in-4.*

703 De la Demonomanie des Sorciers , par Bodin. *Par.* 1581. *in-4.*

704 Malleus Maleficarum Meleficicas , & earum hærefim. *in-8.*

705 Delrio Difquifitionum Magicarum Libri VI. *Lugd.* 1604. *in-4.*

706 Difcours des Sorciers , avec fix advis en faict de Sorcelerie , par Boguet. *Lyon* , 1610. *in-8.*

707 L'Incrédulité Mefereance du fortilege plainement con-vaincue , par de Lancre. *Par.* 1622. *in-4.*

Phyfique.

708 Teichmeyeri Elementa Philofophiæ naturalis experimen-talis. *Jenæ* 1624. *in-4.*

709 Burnetii Telluris Theoria Sacra , Originem & Mutationes Generales orbis noftri. *Amft.* 1699. *in-4*

710 Traité de Phyfique , par Rohault. *Par.* 1671. *in-4.*

711 Œuvres diverfes de Phyfique & de Méchanique de Per-rault. *Leyde* , 1721. 2 *tom.* 1 *vol. in 4.*

712 Les Entretiens Phyfiques du P. Regnault. *Par.* 1745. 5 *vol. in-12.*

713 Essais de Physique de Muschenbroke , trad. par Massuet. Leyde, 1731. 2 vol. in-4.

714 Cours de Physique , par Desaguliers , trad. par le P. Pezenas. Par. 1751. 2 vol. in-4.

715 Nouv. Vues sur le Système de l'Univers , par l'Abbé de Ponbriant. Par. 1751. in-8.

716 Manuel Physique ; par Ferapie Dufieu. Lyon , 1760. in-8.

717 Entretiens sur un Nouv. Système de Morale & Physique. Par. 1721. in-12.

718 Mélange de Physique & de Morale , par M. de la Cure. Paris , 1761. in-12.

719 Telliamed ; par de Maillet. Amst. 1748. 2 vol. in-8. bi.

720 Observations in Physick , by Apperley. Lond. 1731. in-8. br.

721 La nature expliq. par le raisonnement & l'expérience , par Denyse. Paris , 1719. in-12.

722 Leçons de Physique Expérimentale , par l'Abbé Nollet. Par. 1764. 6 vol. in-12. br.

723 Essai sur l'Electricité des corps , par Nollet. Paris , 1746. in-12.

724 Essai sur la nature , les effets & les causes de l'Electricité , par Winckler. Paris , 1748. in-12.

725 De la Recherche de la Vérité , par le P. Malebranche. Par. 1700. 4 vol. in-12.

Histoire Naturelle.

726 Dictionnaire portatif d'Histoire Naturelle. Paris , 1763. 2 vol. in-8.

727 Hist. Naturelle de l'Univers , par Colonne. Paris , 1734. 4 vol. in-12. m. r.

728 Spectacle de la Nature , par Pluche. Paris , 1746. 5 vol. in-12.

729 Lettres (XI.) à un Amériquain , par le Large de Lignac. Amst. 1751. 3 vol. in-12.

730 Æmyliani Naturalis de Ruminantibus Historia. Venet. 1584. in-4.

731 Borelli Hortus seu Armamentarium Simplicium , Mineralium Plant. Animalium , &c. Castris. 1666. in-8.

732 Observations périodiq. sur la Physique , l'Histoire naturelle & les Arts , par Toussaint , avec les planches en couleur par Gautier. Paris , 1756. 3 vol. in-4.

E

733 C. Linnæi Syftema naturæ.... Ejufd. Oratio de neceffitate peregrinationum *Lugd. B.* 1747. *in-8.*

734 Mémoire inftructif fur la maniere de raffembler , de préparer, de conferver diverfes curiofités d'Hiftoire naturelle. *Lyon,* 1752. *in-8. fig.*

735 Géographie Phyfique , ou Effai fur l'Hiftoire naturelle de la terre , trad. de Wodward par Noguez. *Par.* 1735. *in-4.*

736 The Natural Hiftory of Earth , by Camerarius. *Lond.* 1726. 2 *vol. in-8. br.*

737 A. Kircheri Mundus fubteraneus. *Amft.* 1678. 2 *vol. in-fol.*

738 Kleniani , Defcriptiones Tubulorum Marinorum in quorum cenfum relati Lapides Caudæ Cancri. *Gedam.* 1731 *in-4. c. m. v. f. tr. f.*

739 Natural Hiftory of the Foffils of England , by Woodward. *Lond.* 1729. 2 *tom.* 1 *vol. in-8.*

740 A Treatife of the Foffil, Vegetale , and Animal Suftances , by Douglas. *Lond.* 1736 *in-3.*

741 Dictionn. Univerfel des Foffiles propres & des Foffiles accidentels , par Bertrand. 1763 *in-8.*

742 Dargenville , Enumerationis Foffilium. *Parif. in-8. m. r.*

743 Ordre naturel des Ourfins de mer & Foffiles , par Klein. *Par.* 1754. *in-8.*

744 Effai fur l'Hiftoire Naturelle de la Mer Adriatique , par Donati. *La Haye,* 1758. *in-4. enluminé.*

745 Effai fur l'Hiftoire Naturelle des Corallines, par Ellis. *La Haye ,* 1756. *in-4. enluminé.*

746 Hift. Phyfique de la Mer , par Marfilli. *Amft.* 1725. *in-fol.*

747 Defcription du Danube , par le même. *La Haye ,* 1744. 6 *vol. in-fol. gr. p.*

748 N. Sendelii Hiftoria Succinorum corpora aliena involventium. *Lipfia* 1742. *in-fol. C. M.*

749 Lettres Philofophiques fur la formation des Sels & des Cryftaux , par Bourguet. *Amft.* 1729. *in-12.*

750 L'Art des Mines , ou Introduction aux Connoiffances des mines métalliques , par Lehmann. *Par.* 1759. 3 *vol. in-12.*

751 De la Fonte des mines , des Fonderies , &c. trad. de Schluter , par Hellot. *Par.* 1750. *in-4.*

752 Traité de l'Art métallique , extr. des Œuvres d'Alfonce Barba. 1730. 2 *vol. in-12.*

753 Traité fingulier de Métallique , contenant toutes fortes de

métaux & minéraux, par de Perez de Vergas. *Par.* 1730.
in-12. fig.

654 Traité des Tourbes conbustibles, par Patin. *Par.* 1663.
in-4.

755 Les Merveilles des Indes orientales & occidentales, ou
Nouv Traité des Pierres précieufes & Perles, par de Ber-
quen. *Par.* 1669. *in-4.*

756 Le Mercure Indien, ou le Tréfor des Indes, par de
Rofnel. *Par.* 1668. *in-4.*

757 Kircheri, Magnes five de Arte magnetica opus tripartium.
Romæ, 1641. *in-4.*

758 Leonardi Speculum Lapidum. *Parif.* 1590. *in-12.*

759 Traité des Pierres qui s'engendrent dans les terres & dans
les animaux, par Venette. *Amft* 1701. *in-12.*

760 Le Parfait Joaillier, ou Hift. des Pierreries, par Boct,
Lyon. 1544. *in-8.*

761 Le Moyen de devenir Riche, par Paliffy. *Par,* 1636. *in-8.*

762 Traité des Pierres précieufes & de la maniére de les em-
ployer en parure, par Pouget. *Par. in-4.*

763 Baccii de Thermis. *Romæ,* 1622. *in-fol.*

764 Bauhinus de Thermis. *Montifb.* 1600. *in-4.*

765 Ravivamento, o fia difcorfo dimoftrativo di Ardizzone
fopra l'effenza caofe & effecti delle Acque minerali del
monte di Corfena *Genev.* 1680 .. Lachmund, Oryctographie
Hildesheimenfis five admirandorum Foffilium Hildesh. 1669.
in-4.

766 De Bonitate aquarum fontanæ & cifterninæ, Thurino Bo-
noniæ. 1543. *in-4.*

767 Méditations fur l'origine des fontaines, l'eau des Puits,
par Kuhn. *Bord.* 1712. *in-4.*

768 Schotti Anatomia Phyfico Hydroftatica fontium ac flumi-
num *Herbipoli* 1667. *in-12.*

769 Obfervat. fur les Eaux minérales de pluf. provinces de
France, par Duclos. *Par.* 1675. *in-12.*

770 Traité des Eaux minérales de Bourbonne-les-Bains, par
Baudry. *Dijon.* 1736. *in-8.*

771 Traité des Eaux de Bourbon, par Pafcal. *Par.* 1699. *in-12.*

772 Differtation fur les Eaux de Bourbonne, par Charles. *Be-
fanç.* 1749. *in-12.*

773 Traité des Eaux minérales d'Attancourt, par Baugier. *Chaa-
lons,* 1696. *in.12..*

E ij

774 Traité des Eaux minérales de Provins , par le Givre. *Par.* 1659. *in-12.*

775 Maffaci Pugeæ feu de Lymphis Pugeacis libri duo. *Par.* Les Fontenes de Pougues , par le même. *Par.* 1605... Trezieme Livre de Métamorphofe mis en vers Franç. par le même. *Par.* 1605. *in-16. v. f.*

776 N. Traité des Eaux minérales de Forges , par Linand. *Par.* 1696. *in-8.*

777 N. Syftême des Eaux minérales de Forges , par Larouviere. *Par.* 1699 *in-12.*

778 Traité des Eaux minérales de Merlange. *Par.* 1766. *in-12.*

779 Eaux minérales de Vichy , par Fouet. *Par.* 1686. *in-12.*

780 N. Syftême des Bains & Eaux minérales de Vichy , par le même. *Par. in-12.*

781 Le Secret des Bains & Eaux de Vichy , par le même. *Par.* 1686. *in-12.*

782 Traité des Eaux minérales de Vichy , par Chomel , avec les Obfervations de Duclos. *Par.* 1738. *in-12.*

783 Spadacrene , ou Differtat. Phyfiq. fur les Eaux de Spa , par Chrouet. *La Haye* , 1739. *in-12.*

Hift. Naturelle , Agriculture des Plantes , des Arbres , Fruits & Fleurs.

784 Dictionn. Univerfel d'Agriculture & de Jardinage. *Par.* 1751. 2 *vol. in-4.*

785 Palladii de Re Ruftica Libri XIII. *Parif.* 1543... Prifcarum vocum enarrationes in libros de re Ruftica. *Par.* 1543. Beroaldi Annot. in Collumellam. *Par* 1543. *in-12.*

786 Porci Catonis de Agricultura five de re Ruftica liber ftud. Meurfi. *Antv.* 1698. *in-8.*

786 * Catonis , Varronnis , Palladii de re Ruftica. *Lugd.* 1537. *in-8.*

787 Scriptores Rei Ruftica veteres Cat. cùm variorum not. cur. Gefnero. *Lipfia* , 1735. 2 *vol. in-4.*

788 Inftruction pour les Jardins fruitiers & potagers , par de la Quintinye. *Par.* 1756. 2 *vol. in-4.*

789 L'Agriculture parfaite , trad. de l'Allemand d'Agricola. *Amft.* 1732. 2 *vol. in-8.*

790 La Culture parfaite des Jardins fruitiers & potagers , par Liger. *Par.* 1702. *in-12.*

791 Calendrier des Jardiniers , trad. de Bradley. *Par.* 1750. *in* 12

792 Le Ménage des champs & de la ville. *Luxenb.* 1747. *in-12.*

793 Les Agrémens de la Campagne. *Leyde*, 1750. *in-4.*

794 Traité de la Culture & la Plantation des Arbres, par le Roux. *Par.* 1750. *in-12.*

795 Le Gentilhomme Cultivateur, par Dupuy Dempottes. *Par.* 1762. 16 *vol. in-12.*

796 Essai sur l'Administration des Terres. *Par.* 1759.... Recueil de quelques pièces intéressantes sur l'Inoculation de la petite Vérole. *La Haye*, 1755. *in-8.*

797 Traité sur la Nature & sur la Culture de la vigne , par Duhamel. *Par.* 1759. 2 *vol. in-12.*

Histoire Naturelle.

798 Seguieri Bibliotheca Botanica. *Hagæ.* 1740. *in-4.*

799 Bumaldi Bibliotheca Botanica. *Bonon.* 1657. *in-24. m. r.*

800 Démonstrations Elementaires de Botanique , à l'usage de l'École Royale Vétérinaire , par Bourgelat. *Lyon* , 1766. 2 *vol. in-8.*

800* Raii Methodus Plantarum. *Lond.* 1733. *in-8.*

801 Anatomie des Plantes , trad. de l'Angl. de Grew, par le Vasseur. *in-12. fig.*

802 Theophr. Eresii de Historia Plantarum Libri X. Gr. & Lat. *Amst.* 1644. *in-fol.*

803 Eusebii Historiæ Naturæ *Antverp.* 1636. *in-fol.*

804 Matthioli Commenr. in Libros VI. Dioscoridis. *Lugduni.* 1563. *in-4*

805 Matthiolus in Dioscoridem, *Venet. Valgr.* 1565. *in-fol.*

806 Matthioli Comment. in Dioscoridem. *Venet.* 1569. *in-fol.*

807 Les Commentaires de Matthiole sur Dioscoride , par du Pinet. *Lyon* , 1680. *in-fol.*

808 Matthioli de plantis Epitome utilissima. *Francof.* 1586. *in-4.*

809 Clusii Rariorum Plantarum Historia. *Antv.* 1601.... Ejusd. Clusii Exoticarum Libri X. *Antv.* 1605. *in-fol.*

810 Dorsthenii Botanicon, continens Herbarum aliarumque simplicium. *Francof. in-fol.*

811 Fabii Columnæ Phytobasanos acced. vita Fabii & Lynceorum notitia cum Janno. Planeo. *Mediolani.* 1744. *in-4.*

812 L. Pluckenetii Phytographia Partes III. Almagestum Bota-

nicum , Almagefti Botanici & Almatheum Botanicum *Lond.*
1607. 6 *vol. in-fol.*

813 Ruellii de Natura Stirpium Libri XIII. *Parif.* 1536. *in-fol.*

814 De Lobel Hiftoria Plantarum. *Lond.* 1605. *in-fol.*

815 De Lobel , Plantarum feu Stirpium Hiftoria. *Antv.* 1576....
Ejufdem nova Stirpium adverfaria cum addition. Rondellc-
tii , *Amft.* 1576. *in-fol.*

816 Dodonæi , Frumenterum Leguminum , Paluftrium &
Aquatilium Herbarum Hiftoria. *Antv.* 1566. *in-8.*

817 Dodonæi, Stirpium Hiftoriæ Libri XXX. *Antv.* 1616. *in-fol.*

818 Hift. des Plantes par Dodoens , revue par de l'Eclufe.
Antv. 1567. *in-fol.*

819 Brunf. Herbarium vive Eicones. *Argent.* 1532. *in-folio.*

820 Plantarum , Cognitarum Centuria III. complectens Plantas
circa Byzantium & in oriente obfervatas per Buxbaum. *Pe-*
tropoli , 1728. *in-4.*

821 Bouhini , Theatri Botanici. *Francof.* 1620. *in-4.*

822 Bouhini Pinax Theatri Botanici. *Bafil.* 1671. *in-4.*

822 * Hift. générale des Plantes , trad. du Lat. de Dalechamp ,
par Defmoulin. *Lyon* , 1653. 2 *vol. in-gol.*

823 Hift. des Plantes de l'Europe, par Bauhin. *Lyon* , 1762.
2 *vol. in-12.*

824 Raii Hiftoria Plantarum generalis. *Londini* . 1693. 3 *vol.*
in-folio.

825 Mémoires pour fervir à l'Hiftoire des Plantes , par Dodart.
Par. 1679. *in-12.*

826 Elemens de Botanique , par Tournefort. *Par. Imp. R.*
1694. 3 *vol. in-8. fig.*

827 Tournefort inftitutiones Rei Herbariæ. *parif. è typog. R.*
1700. 3 *vol. in-4.*

829 Zahoni Iftoria Botanica. *Bologn.* 1675. *in-folio.*

830 Zanonii Rariorum Stirpium Hiftoria. *Bonon.* 1742. *in-fol.*

831 Hift. des Plantes Ufuelles, par Chomel. *Par.* 1738. 3 *vol.*
in-12.

832 Journal des Obfervations Phyfiques , Mathématiques & Bo-
taniques , par Feuillée. *Par.* 1714. 2 *vol. in-4.*

833 Mémoires & Inftructions pour le plant des Meuriers blancs
& nourriture des vers-à-foie , par Ifnard. *Par.* 1665. *in-8.*

834 Recherches fur l'ufage des feuilles dans les plantes, par
Bonnet. *Gott.* 1757. *in-4. f.*

Hiſtoire particuliere des plantes de divers pays, Jardins publics & particuliers.

835 Pontederæ Compend. Tabular. Botanicarum. *Patavii*, 1718. *in-4.*

836 Boccone, Icones & Deſcriptiones rariorum Plantarum. Siciliæ, Melitæ, Galliæ & Italiæ *e Theat-Sheld.* 1664. *in-4.* *v. f. tr. f.*

837 Triumfetti, Obſervationes de Ortu ac Vegetatione Plantarum. *Roma*, 1685. 2 *vol. in-4.*

838 Borellii Plantæ, per Galliam, Hiſpaniam & Italiam Obſervatæ. *Pariſ.* 1714. *in-fol.*

839 Ejuſd. Borellii. *Pariſ.* 1714. *in-fol. C. M.*

840 Morandi Botanica Practica ſeu Plantarum quæ ad uſum Medicinæ pertinent cum color. de pictis. *Mediolani.* 1644. *in-fol.* *v. e. tr. f.*

841 Tournefort, Schola Botanica ſive Catologus plantarum Horti Regii. *Amſt.* 1699 *in-12.*

842 Joncquet, Hortus Regius Pariſienſis. *Pariſ.* 1665 *in-fol.*

843 Joncquet, Pariſienſis Hortus. *Pariſ.* 1659. *in-4.*

844 Deſcription du Jardin Royal, par Broſſe. *Par.* 1663. *in-4.*

845 Le Jardin du Roi, par Robin. *Par.* 1608. *in-fol.*

846 Hiſtoire des Plantes aux environs de Paris, par Tournefort. *Par.* 1725. 2 *vol. in-12.*

847 Le Jardin & Cabinet Poëtiq. de Paul Contant. *Poitier*, 1609.

848 Vaillant, Botanicon Pariſienſe. *Amſt.* 1727. *in-fol.*

849 Ejuſd. Vaillant, Botanicon Pariſienſe. *Amſt.* 1727. *in-fol. C.M.*

850 Hiſtoire des Plantes de Provence, par Garidel. *Aix.* 1615. *in-fol. m. r.*

851 Botanicum Monſpelienſe ſive Plantarum circa Monſpelium naſcentium aut. Magnol. *Monſp.* 1696. *in-8.*

852 * Hortus Regius Monſpelienſis ſive Catalog. Plantarum quæ in Horto Regio Monſpelienſi Demonſtrantur aut Magnol. *Monſp.* 1697. *in-8*

852 Ant. Goüan Hortus Regius Monſpelienſis. *Lugd.* 1762. 2 *vol. in-8.*

853 Mappi Hiſtoria Plantarum Alſaticarum ſtud. Ehrmanni. *Argent.* 1732. *in-4.*

854 Comelini Horti Medici Amſtelodamenſis rariorum plantarum Deſcriptio. *Amſt.* 1697. 2 *vol. in-fol.*

855 Henr. à Rheide Hortus Indicus Malabaticus. *Amſt.* 1688. 12 *vol. in-fol.*

855 * Flora Malabarica sive Hortu Malabarici Catalogus. *Lugd.*
1696. *in-fol*

856 Clifford, Hortus Cliffortianus. *Amst.* 1737. *in-fol.*

857 Muntingii Phytographia curiosa. *Lugd. Bat.* 1702. *in-fol.*

858 Rumphii Herbarium Amboinense , Belgice & Lat. cum
Observat. Burmanni & Auctuario. *Amst.* 1741. 7 *vol. in-fol.*

859 Dillenii , Hortus Elthamensis. *Lond.* 1732. 2 *vol. in-folio.*
C. M. br.

860 Herbier d'Elizab. Blackwel. *Lond.* 1737. 2 *vol. in-fol.* avec
500 *planches.*

861 Burmanni Thesaurus Zeylanicus , exhibens Plantas Insulæ
Zeylanæ. *Amst.* 1737. *in-4. fig.*

862 Ferrarii Flora seu Florum cultura Libri IV. accur. Rotten-
dorffio. *Amst.* 1664 *in-4. fig. v. f.*

863 Flora overo Cultura di fiori del Ferrari. *Roma* , 1638. *in-4.*

864 Floræ Danicæ Iconum 1761. *in-fol v. éc. tr. f.*

865 Scheuhzeri Herbarium Diluvianum. *Lugd. Bat.* 1723. *in-fol.*

866 Jonstoni Dendographia sive de Arboribus Frusticibus.
Francof. 1662. *in-fol.*

867 Wepferi Historia Cicutæ Aquaticæ. *Basil.* 1716. *in-4.*

868 Hist. Naturelle de la Cochenille , par de Ruasschet. *Amst.*
1729. *in-8.*

869 Ferrarii Hesperides sive de malorum aureorum Cultura &
usu Libri IV. *Roma* , 1646. *in-fol.*

870 Cornuti Hist. Plantarum Canadensium cum subjuncto Bo-
tanico Parisiense Enchiridion. *Par.* 1635. *in-4. fig.*

871 Traité des Fougeres de l'Amérique , par Plumier. *Par.*
1705. *in-fol. gr. p.*

872 Jardin des Fleurs , par Crispian. *Utrecht,* 1720. *in-4 obl.*

873 Remarq. nécessaires pour la Culture des Fleurs , par Mo-
rin. *Par.* 1658. *in-8.*

874 Florilegium amplissim. & selectissim. aut. Swertio. *Amst.*
1647. *in-fol.*

875 Paulli Comment. de Abusu Tabaci & Herbæ Thee. *Argent.*
1665. *in-4.*

Histoire Naturelle des Animaux.

876 Charletoni exercitationes de differentiis & nominibus ani-
nimalium *Oxon.* 1677. *in-folio.*

877 Charletoni Onomasticon Zoicon. *Lond.* 1668. *in-4.*

878 Dictionn. raisonné & universel des Animaux, par Desbois.
Par. 1759. 4 *vol. in-4.*   l. 879

879 Aristotelis de Animalium Gr. *Francof.* 1585. *in-4.*
880 Gesneri, Hist. Animalium. *Tiguri.* 1551. 3 *vol. in-fol.*
881 Jonstoni, Hist. Animalium. *Amst.* 1657. 2 *vol. in-folio.*
882 Ruysch, Theatrum Animalium. *Amst.* 1718. 2 *vol. in-fol.*
883 Sebæ Rerum naturalium Thesauri accurata Descriptio, &c.
   Amst. 1734. 2 *vol. in-folio.* C. M.
884 Le Regne Animal, par Brisson, en Lat. & Fr. *Par.* 1756.
   in-4.
885 The British Zoology de Quadripedibus. *Lond.* 1766. *in-fol.*
   gr. p. enlum.

Histoire particulière des Oiseaux.

886 Aldrovandi, Ornithologiæ. *Francof.* 1610. *in-fol.*
887 Barrere, Ornithologiæ Specimen novum sive series avium
   in ruscinone. *Perpin.* 1758. *in-4.*
888 Willughbeii, Ornithologiæ Libri III. *Londini.* 1676. *in-fol.*
889 Histoire des Oiseaux, par Belon. *Par.* 1555. *in-fol.*
890 Histoire Naturelle des Oiseaux, par Derham. *La Haye.*
   1750. 3 *vol. in-4.*
891 Ornithologie ou Méthode contenant la division des Oi-
   seaux, par Brisson. *Par.* 1760. 6 *vol. in-4. v. f. tr. f.*
892 Uccelliera overo discorso della natura è proprieta di di-
   versi Uccelli Opera di Olina. *Roma.* 1622. *in-4.*
893 Delle ova e de'Nidi de gli Uccelli da Zinanni. *Venez.* 1737.
   in-4.

Histoire particuliere des Poissons.

894 Rondeletii de Piscibus marinis. *Lugd.* 1653. *in-fol.*
895 Nature & diversité des Poissons, par Belon. *Par.* 1555.
   in-8. obl.
896 Aldrovandi de Piscibus Libri V. *Bononiæ,* 1623. *in-fol.*
897 Rumphii Thesaurus Piscium Testaceorum, Cochlearum,
   Conchyliorum, Mineralium, &c. *Lugd. Bat.* 1711. *in-fol.*
898 Klein, Historiæ Piscium missus secund. & tertius. *Gedani,*
   1742. 2 *vol. in-4. br.*

Histoire particuliére des Insectes, des Coquillages, &c.

898 * Monfeti Theatrum Insectorum. *Lond.* 1734. *in-fol.*
899 Mémoires pour servir à l'Hist. des Insectes, par de Reau-
   mur. *Par.* 1734 6 *vol. in-4.*

900 Histoire générale des Insectes, par Swammerdam. *Utrecht*, 1685. *in-4*.

901 Swammerdami Biblia Naturæ *Leyda*, 1738. 2 *vol. in-fol.*

902 Ejusdem Swammerdami. 2 *vol. in-fol. C. M. v. f. tr. f.*

903 Dissertation sur la Génération & les Transformations des Insectes de Surinam, par Merian. *La Haye*, 1726.... Hist. des Insectes de l'Europe, par la même trad. par Marret. *Amst.* 1730. *in-fol.*

904 Sachs Gammarologia, sive vulgo Cancrorum confideratio. *Lipfiæ*, 1665. 2 *vol. in-12.*

905 F. Redi, de Generatione Infectorum. *Amft.* 1686. 2 *vol. in-12.*

906 Hist. Naturelle des Insectes, par Gœdaert. *La Haye*, 3 *vol. in-8.*

907 Recherches intéressantes sur les Vers à Tuyau, par Maffuet. *Amft.* 1733. *in-12*

908 Mémoires pour servir à l'Hist. d'un genre de Polypes d'eau douce, par Trembley. *Par.* 1744. 2 *vol. in-8. fig.*

909 Le Gouvernement admirable, ou République des Abeilles, par Simon. *Par.* 1742. *in-12. fig.*

910 Malpigii, Differtatio Epiftolica de Bombyce. *Lond.* 1669. *in-4.*

911 Traité des Pétrifications, par des Curieux de la Principauté de Neufchâtel. *Par.* 1742. *in-4. fig.*

912 Bonani Recreatio Mentis & Oculi, in Obfervatione Animalium Teftaceorum. *Romæ.* 1684. *in-4.*

913 Klein, Methodi Oftracologicæ five difpofitio naturalis Cochlidum & Concharum in fuas claffes, Genera & Species. *Lugd. B.* 1753. *in-4.*

914 Gualtieri Index Teftarum. *Florent.* 1742. *in-fol. C. M. m. r.*

Histoire Naturelle de divers Pays.

915 The Natural History of Norway, by Pontoppidan. *Lond.* 1752. 2 *tom.* 1 *vol. in-fol. v. f. tr. f.*

916 Jacquin, Selectarum Stirpium Americanarum Hiftoria. *Vindob.* 1763. *in-fol. v. f. tr. f.*

917 Hist. Naturelle du Cacao & du Sucre. *Par.* 1719. *in-12.*

918 Alpini, Hiftoriæ Ægypti Naturalis. *Lugd. B.* 1735. 2 *vol. in-4. gr. p.*

919 Les Obfervations de plufieurs fingularités & chofes mémorables trouvées en Grece, Afie, &c. par Bélon. *Par.* 1588. *in-4.*

920 Frederici, Historia naturale di Ferrante Imperato Napoli-
tano. *Venet.* 1672. *in-fol.*

921 Pisonii, Historia Naturalis Brasiliæ. *Lugd. Bat.* 1648. *in-fol.*

922 The Natural History of Iceland, by Horrebow. *Lond.*
1758. *in-fol. v. cc. tr. f.*

923 Basteri Opuscula Subsictiva Observationes Miscellanneas de
Animaculis & Plantis. *Harlemi,* 1762. *in-4.*

924 Histoire Générale des Antilles, par du Tertre. *Par.* 1671
4 *vol. in-4.*

925 Histoire Naturelle & Morale des Isles Antilles de l'Amé-
rique, par de Rochefort. *Rott.* 1681. *in-4.*

926 Hist. Naturelle de la France Équinoxiale, par Barere. *in-12.*

*Mélanges d'Histoire Naturelle, Secrets, Prodiges, Collections
ou Cabinets de curiosités, &c.*

927 Mélanges d'Histoire Naturelle, par Dulac. *Lyon,* 1765.
6 *vol. in-12.*

928 Miscellanea curiosa Medico-Physica Academiæ naturæ cu-
riosorum. *Lips.* 1670. *in-4.*

928 * Curious Remarques and Observations in Physics, Anato-
my, Botany and Medicine, by Templeman. 1753. 2 *vol.*
in-8.

929 Miscellaneous Tracts relating to Natural History Hus-
bandry and Physick, by Stillingfleet. *Lond.* 1763. *in-8.*

929 * Les Secrets & Merveilles de Nature de Wecker. *Lyon,* 1652.
in-8.

930 Julii Obsequentis de Prodigiis liber cum annot. Schefferi.
Amst. 1679. *in-8.*

930 Secreti diversi & Miracolosi raccolti G. Falloppia. *Venet.*
1563. *in-8. v. ei.*

931 Olao Worm Museum Wormianum seu Historia rerum ra-
riorum. *Amst. Elzev.* 1657. *in-fol.*

932 Tessin Museum Tessinianum. *Holmiæ,* 1753. *in-fol.*

933 Physiologia Kircheriana experimentalis. *Amst.* 1676. *in-fol.*

934 Catalogue raisonné des curiosités du Cabinet de Quentin
de Loranger, par Gersaint. *Par.* 1744. *in-12.*

935 Catalogues raisonnés des curiosités de Bonnier de la Mos-
son & du Chev. de la Roque, par le même. *Par.* 1745.
in-12.

936 Catalogue raisonné des Bijoux, Porcelaines, &c. de Au-
gran de Fonspertuis, par le même. *Par.* 1747. *in-12.*

Médecine.

937 La Jurisprudence de la Médecine en France, par Verdier. Par. 1763. 2 vol. in-8.

938 Dictionarium Medicum. R. Stephan. 1563. in-8. v. f.

939 Hippocratis & Galeni Opera Gr. & Lat. cum not. Charterii Parif. 1679 13 tom. 10 vol. in-fol. fig.

940 Hippocratis Aphorifmi Gr. ex edit. Janffonii. Glafguæ. 1748. in-12.

941 Œuvres de la Framboifiere. Par. 1624. in-fol.

942 Willis Opera omnia. Amft. 1692. 2 vol. in-4.

943 Glandorpii Opera omnia. Lond. 1729. in-4.

944 T. Sydenham Opera Medica. Genev. 2 vol. in-4.

945 Hofmanni Inftitutionum Medicarum. Lugd. 1645. in-4.

946 Pitcarnii Opufcula Medica Rott. 1714. 1714. in-4.

947 Baglivi Opera omnia. Lugd. 1745. in-4.

948 Mangeti, Bibliotheca Medico-Practica. Geneva, 1695. 4 vol. in-fol.

949 Leopoldina Hiftoria morborum qui annis 1699. 1700. 1701. graffati funt. Vratifl. 1706. in-4.

950 Œuvres de du Laurens, par Gelée. Rouen, 1661. in-fol.

951 Degneri, Hift. Medica de Dyfenteriâ. Trajeft. 1738. in-8.

952 Nihell Novæ raræque Obfervationes circa variar. Crifium prædictionem expulfu. Amft. 1746. in-8.

953 Huxham, Obfervationum de Aëre & Morbis Epidemicis. Lond. 1752. in-8.

954 Matiére Médicale raifonnée, ou Précis des Médicamens confidérés dans leurs effets, par Bourgelat. Lyon, 1765. in-8.

955 Lancifii de Motu cordis. Lugd. Bat. 1740. in-4.

956 Broechuyfii Rationes Philofophico-Medicæ Theoretico-Practicæ. Hag. C. 1687. in-4.

957 Van-Swieten in Aphorifmos Boerhavii de cognofcendis & curandis morbis. Lugd. B. 1742. 2 vol. in-4.

958 Hofmanni, Inftitutionum Medicarum Libri VI. Lugd. 1645. in-4.

959 Helvetius, Principia Phyfico-Medica. Parif. 1752. 2 vol. in-4.

960 La Médecine naturelle, par Hecquet. Par. 1738. 2 vol. in-12.

961 N. Recueil des Remedes, par Naudié. Par. 1745. 2 vol. in-12.

962 Méthode pour guérir les maladies, trad. du latin de La-
zerme. *Par.* 1753. 2 *vol. in-*12.

963 Opérations Manuelles & Médicinales , par Gourmelen.
*in-*8.

964 Meibomii de Flagrorum ufu in re veneria. *Lond.* 1665.
*in-*24.

965 Valfalva de Aure Humana tractatus. *Traj. in-*4.

965* Tableau de la petite Vérole , par Cantwell. *Par.* 1758.
*in-*12.

966 Defcription de la Veffie urinaire de l'homme , par Parfons.
Par. 1742. *in-*12.

967 L'Orthopédie , ou l'Art de prévenir & de corriger dans les
enfans les difformités du corps, par Andry. *Par.* 1741. 2 *vol.*
*in-*12.

968 De la génération des vers dans le corps de l'homme , par
le même. *Par.* 1700. *in-*12.

969 Effai fur la conformité de la Médecine, par Barker. *Amf.*
1749. *in-*12.

970 Traité de l'ufage des différentes fortes de Saignées , par
Silva. *Par.* 1727. 2 *vol. in-*8.

Traités Diététiq-Hygiaftiques des Alimens & de la santé.

971 Nonnii Diæteticon five de re Cibaria Libri IV. *Antv.* 1646.
*in-*4. *v. f.*

972 Tirelli de Hiftoria Vini & Febrium Libri II. *Venet.* 1639.
*in-*4.

973 Tractatus de Vinea Vindemia & Vino. *Venet.* 1629. *in-folio.*

974 Baccius de Naturali Vinorum Hiftoria de Vinis Italiæ & de
conviviis Antiquorum Libri VII. *Roma*, 1596. *in-folio.*

975 Andreæ Cannoneri de admirandis Vini virtutibus Libri III.
Antv. 1627. *in-*8. *v. f.*

976 Baptiftæ Confalonerii de Vini natura. *Bafil.* 1535.... Jovii
de Romanis Pifcibus. *Antv.* 1528. *in-*8.

977 Herilaci Aquarum natura & facultates , Vinorum & Aqua-
rum effectuum invicem comparatorum Tractatus. *Colon.* 1591.
*in-*8. *v. f.*

978 Effai fur les vertus de l'eau de chaux pour la guérifon de
la Pierre , par Whytt. *Par.* 1756. *in.*12.

979 Recherches fur les vertus de l'eau de goudron , par Ber-
keley. *Amf.* 1745. *in-*12.

980 N. Traité de la Cuifine. *Par.* 1739. 3 *vol. in-*12.

981 Le Cuisinier moderne, par la Chapelle. *La Haye*, 1744.
5 *vol. in-*8.

Anatomie.

982 Vesalii de Humani corporis fabrica Libri VII. *Basilea*, 1555.
in-folio.

983 Ejusdem de Humani corporis fabrica cum annot. Fontani.
Amst. 1642. *in-folio.*

984 Verheyen Anatomia Corporis humani. *Brux.* 1710. 2 *vol.*
*in-*4.

985 Cowper, Anatomia CXIV. Tabulis Æneis expressa. *Lugd.*
Bat. 1789. *in folio. C. M.*

986 Bauhini Vivæ Imagines partium Corporis humani æneis
formis expressæ. 1611. *in-*4.

987 Veslingi Syntagma Anatomicum, Comment. atque Append. G. Blasii. *Amst.* 1666. *in-*4.

988 Morgagni, Adversaria Anatomica Opera omnia. *Lugd. B.*
1723. *in-*4.

989 Ejusdem Morgagni, de Sedibus & causis morborum per
Anatomen indagatis. *Lovanii*, 1766. 2 *vol. in-*4.

990 L'Anatomie de l'homme, par Dionis. *Par.* 1719. *in-*8.

991 Anatomie de Winslow. *Par.* 1732. 5 *vol. in-*12.

992 Anatomie par Palfin. *Par.* 1734. 2 *vol. in-*8.

993 Michelotti, de Separatione fluidorum in corpore Animali.
Venet. 1721. *in-*4. *fig.*

994 Vieussens, Neurographia Universalis. *Lugd.* 1716. *in-folio.*

995 Vislingii, Syntagma Anatomicum, cum Observat. Blasii.
Amst. 1666. *in-*4.

996 Description Anatomique d'un Cameleon, d'un Castor, d'un
Dromadaire, d'un Ours & d'une Gazelle. *Par.* 1669. *in-*4.

997 La Génération de l'homme, par Venette. *Lond.* 1752.
2 *vol. in-*12.

998 La même. *Lond.* 1752. 2 *vol. in-*12. *gr. p. v. ec. tr. f.*

999 Traité des Eunuques, par d'Olincan (Ancillon.) 1707.
*in-*12.

1000 Le Méchanisme ou le Nouv. Traité de l'Anatomie du
globe de l'œil, par Taylor. *Par.* 1738. *in-*8.

1001 Mangetti, Bibliotheca Anatomica. *Geneva*, 1685. 2 *vol.*
in-fol.

1002 Borelli, de Motu Animalium. *Hag. Com.* 1743. 2 *tom.*
1 *vol. in-*4. *fig.*

1003 Traité de la Structure du cœur, par M. Senac. *Par.* 1749.
2 *vol. in-*4.

Chirurgie.

1004 Mangetti Bibliotheca Chirurgica. *Genev.* 1721. 4 vol. *in-fol.*

1005 Traité des Opérations de Chirurgie, par le Dran. *Par.* 1742. *in-8.*

1006 Le Chirurgien d'Hôpital, par Belloste. *Paris,* 1734. 2 vol. *in-12.*

1007 Mauriceau, des Maladies des femmes grosses & accouchées. *Par.* 1740. 2 vol. *in-4.*

1008 Cases in Miwifry, by Giffard revis, by Hody. *Lond.* 1734. *in-8. br.*

1009 Le Guide des Accoucheurs, par Mefnard. *Par.* 1753. *in-8.*

Pharmacie, Chymie & Alchymie.

1010 Gaubii, Libellus de methodo concinnandi formulas Medicamentorum. *Lugd. B.* 1739. *in12.*

1011 Tentzelii, Medicina Diaftica. *Jehna.* 1629. *in-12. m. c.*

1012 De Medicamentorum dofibus index. *Bonon.* 1745. *in-4. m. r.*

1013 Hoffmanni, Clavis Pharmaceutica Schroederiana. *Hala,* 1681. *in-4.*

1014 Pharmacopœa Schrodero Hoffmaniana illuftrata & aucta. *Colon.* 1684. *in-fol.*

1015 Pharmacopæa Londinenfis. *Lond.* 1746. *in-4.*

1016 Pharmacopée de Lemery. *Par.* 1754. *in-4.*

1017 Difpenfatorium Regium & Electorale Brandenburgicum. *Berol.* 1713. *in-fol.*

1018 Pharmacopæa Bruxellenfis. *Brux.* 1671 *in-folio.*

1019 Pharmacopœa Wirtenbergica. *Stutg.* 1741. *in-fol.*

1020 Œuvres de Contant. *Poitiers,* 1628. *in-fol.*

1021 Hiftoire Générale des Drogues, par Pomet. *Paris,* 1694. *in-folio.*

1022 Dictionn. Univerf. des Drogues, par Lemery. *Par.* 1759. *in-4. fig.*

1023 N. Expériences fur le Remede de Mad. Stephens, par Hales. *in-12.*

1024 Les Remédes de M. Fouquet. *Lyon,* 1682. 2 vol. *in-12.*

1025 Traité raifonné de la Diftillation, par Déjean. *Par.* 1753. *in-12.*

1026 Pott, Exercitationes Chymicæ. *Berol.* 1738. *in-4.*

1027 Cours de Chymie, par le Fevre, revue par du Moustier. *Par.* 1751. 5 *vol. in-*12.

1028 Les Secrets & les Fraudes de la Chymie & de la Pharmacie modernes dévoilés. *La Haye*, 1759. *in-*8. *br.*

1029 Chymie Médicinale de M. Malouin. *Par.* 1750. 2 *vol. in-*12.

1030 La Description des Nouv. Fourneaux Philosophiques, par Glauber. *Par.* 1674. *in-*8.

1031 Elémens de Chymie, par De Machy. *Par.* 1757. 6 *vol. in-*12.

1032 Boyle Scepticus vel Dubia & Paradoxa Chymico-Physica. *Rott.* 1668. *in-*12.

1033 IV. Livres des Secrets de Médecine, & la Philosophie-Chymiq., par Liebaut. *Par.* 1579. *in-*8.

1034 Examen des Principes des Alchymistes sur la Pierre Philosophale. *Par.* 1711. *in-*12.

1035 Opuscule très-excellent de la vraie Philosophie naturelle des métaux, par Zecaire. *Anvers*, 1568. *in-*12.

Mathématique, Arithmétique & Géométrie.

1036 Dictionn. de Mathématique en Allemand. *Lipsiq.* 1734. *in-*8.

1037 Newtoni, Opuscula Mathematica Philosophica. *Lausane*, 1744. 3 *vol. in-*4.

1038 Recueil de plusieurs Traités de Mathématique de l'Académie Royale des Sciences. *Par.* 1676. *in-folio. gr. p. m. r.*

1039 Mémoires de Mathématique & de Physique, par de la Hire. *Par.* 1694. *in-*4.

1040 Traité Méthodique de toutes les Mathématiques, par de Neuveglise. *Trevoux*, 1700. 2 *vol. in-*8.

1041 Entretiens Mathématiq. sur les nombres d'Algebre, par le P. Regnault. *Par.* 1743. 3 *vol. in-*12.

1042 Elémens Mathématiques, par Deidier. *Par.* 1745. 2 *vol. in-*4.

1043 Les Amusemens Mathématiques, par Panckoucke. *Par.* 1749. *in-*12.

1044 Essai sur différens sujets de Mathématiq. par Simpson, en Angl. *Lond.* 1740. *in-*4.

1045 Traités Elémentaires de Mathématiques. *Par.* 1758. *in-*8.

1046 Elémens de Mathématiq. par le P. Duclos. *Lyon*, 1737. *in-*8.

1047

1047 Traité de la construction & usages des instrumens de Mathématiq. par Bion. *La Haye*, 1723. *in-4.*

1048 Œuvres de Mariotte. *La Haye*, 1740. 2 tom. 1. *vol. in-4.*

1049 Traité du Mouvement des Eaux, par le même. *Par.* 1718. *in-12.*

1050 La Science du Calcul, par le P. Reynau. *Par.* 1715 *in-4.*

1051 Tarif du Toisé superficiel & solide, par Mesange. *Par.* 1743. *in-8.*

1052 Tarif Général des Bois de charpente, par le même. *Par.* 1753. 2 *vol. in-8.*

1053 Traité des Bois, par Caron, *Par.* 1740. 2 *vol. in-8.*

1054 Les Changes Etrangers par Barême. *Par.* 2 *vol. in-8.*

1055 Mesures des trois prem. dégrés du Méridien, par de la Condamine. *Paris*, 1751. *in-4. v. f. tr. f.*

1056 L'Arithmétiq. raisonnée, par Morel. *Par.* 1742. *in-8.*

1057 Abrégé de l'Arithmétique & de la Géométrie, par le Blond. *Par.* 1758. *in-12.*

1058 Analyse des Infiniment Petits, par Stone. *Par.* 1735. *in-4.*

1059 La Géométrie, par Crousaz. *Amst.* 1718. 2 *vol. in-12.*

1060 Application de la Géométrie, par Robillard. *Par.* 1753. *in-4.*

1061 Elémens de Géométrie, par Boissiere. *Par.* 1705. *in-4.*

1062 N. Méthode abrégée facile pour réduire les routes de Navigation par les Tables de Loxodromie, par la Mare. *Par.* 1716. *in-8.*

1063 Elémens de Géométrie, par Rivard. *Par.* 1732. *in-4.*

1064 Traité de l'Algebre, par Crouzas. *Par.* 1726. *in-8.*

1065 Application de l'Algebre à la Géométrie, par Guisnée. *Par.* 1733. *in-4*

1066 Euclidis Elementorum libri prioris sex. *Oxon.* 1747. *in-8. br.*

1067 Euclidis Restitutio overo gli Antichi Elementi Geometrici, di Giordano. *Roma*, 1680. *in-fol.*

Astronomie, Astrologie.

1068 Astronomie Physique de Newton, par Gamaches. *Par.* 1740. *in-4.*

1069 Entretiens sur la pluralité des mondes, par Fontenelle. *La Haye*, 1745. *in-12.*

1070 Mémoir. Posthumes de Cheseaux sur divers sujets d'Astronomie, *Lausan.* 1754. *in-4.*

1071 Obfervations Aftronomiques & Phifiq. faites en l'Ifle de Cayenne , par Richer. *Par.* 1679. *in-fol.*

1072 Les Propriétés remarquables de la route de la lumiere, par J. H. Lambert. *La Haye*, 1759. *in-8.*

1073 Penfées diverfes fur la Comete, par Bayle. *Rott.* 1721. 4 *vol. in-12. m. r.*

1074 La Figure de la Terre, par de Maupertuis. *Par.* 1738. *in-8.*

1075 Œuvres de Maupertuis *Drefde,* 1752. *in-4.*

1076 Les vraies Centuries & Prophéties de Noftradamus. *Amft.* 1668. *in-12.*

1077 Aftrologiæ nova Methodus Fr. Allæi Arabis Chriftiani. 1658. *in-folio.*

1078 Les Secrets Aftrologiques , par Sorel. *Par.* 1600. *in-8.*

1079 Hefperi & Phofphori nova Phænomena, aut. Blanchino. *Romæ,* 1728. *in-folio.*

1080 Staniflai de Lubienietz Theatrum Cometicum ; duabus partibus conftans. *Amft.* 1668. 2 *vol. in-folio.*

Arts du Deffein de la Peinture , Sculpture & Architecture.

1981 Encyclopædiæ Scientia Univerfalis concionatorum, ex edit, Bignoni. *Colon.* 1676. 4 *tom* 2 *vol. in-4.*

1082 The Handmaid to the Arts. *Lond.* 1758. 2 *vol. in-8.*

1083 Dictionn. des Arts & des Sciences , par Corneille. *Par.* 1731. 2 *vol. in-fol. gr. p.*

1084 Dictionn. Univerfel des Arts & des Sciences, Fr. Lat. & Angl. par Dyche. *Amft.* 1758. 2 *vol. in-4.*

1085 N. General Englifh Dictionary , by Dyche. *Dubl.* 1754. *in-8.*

1086 Le Cabinet des Beaux Arts , par Perrault. *Par.* 1690. *in-4 cbl.*

1087 Secrets des Arts & Métiers. 2 *vol. in-12.*

1087 * Recueil de quelques Piéces concernant les Arts , par M. Cochin. *Par.* 1757. *in-12.*

1088 Les Principes du Deffein , par de Lairefle. *Amft.* 1746. *in-fol.*

1089 Habillemens de plufieurs nations repréfentés au naturel en CXXXVII. belles figures. *Leyde, in-4. cbl.*

1090 Hiftoire de la Peinture ancienne de Pline , par Durand. 1725. *in-fol. gr. p.*

1091 L'Art de la Peinture de Dufrefnoy. *Par.* 1684. *in-12. fig.*

1092 L'Art de Peindre, Poëme, par Watelet. *Par.* 1760, *in-4.* *gr. p.*

1093 Differtation fur les Ouvrages des plus fameux Peintres, par de Piles. *Par.* 1681, *in-12.*

1094 Lettre fur la Peinture, la Sculpture & l'Architecture. *Amft.* 1749. *in-12.*

1095 Catalogue raifonné des Tableaux, des Sculptures, &c. du Cabinet du Duc de Tallard, par Remy. *Par.* 1756, *in-12.*

1096 Catalogue raifonné des Tableaux du Roi, par l'Epicié. *Par.* 1752. 2 *vol. in-4. gr. p. m. r.*

1097 L'Art de laver ou la nouvelle maniére de Peindre, par Gautier. *Brux.* 1708, *in-12.*

1098 Ecole de la Mignature. *Par.* 1766. *in-12.*

1099 L'Art du Feu ou de Peindre en émail, par Ferrand. *Par.* 1721. *in-12.*

1100 Cabinet d'Architecture, Peinture, Sculpture & Gravure, par le Comte. *Par.* 1700. 3 *vol. in-12.*

1101 Dictionn. d'Architecture, par d'Aviler. *Par.* 1755. *in-4.*

1102 Effai fur l'Architecture. *Par.* 1753. *in-12.*

1103 L'Architectura di Palladio. *Venet.* 1642. *in-fol.*

1104 Les X. Livres d'Architecture de Vitruve, par Perrault, feconde édit. *Par.* 1684. *in fol.*

1105 Cours d'Architecture, par Blondel. *Paris,* 1675. 2 *vol. in-folio.*

1106 Les mêmes. *Paris,* 1698 2 *vol. in-fol. gr. p.*

1107 Les Ouvrages d'Architecture du P. Poft. *Leyde,* 1715. *in-fol. gr. p.*

1108 Architecture Italienne, par Rubbens. *Amft.* 1755. *in-fol. v. f. tr.*

1109 Architecture Pratiq. par Bullet. *Paris,* 1755. *in-8.*

1110 Architectura Civile del Padre Guarino. *Torino,* 1738. *in-folio.*

1111 L'Architecture Françoife, par Mariette. 1727. 2 *vol. in-fol. gr. p. d. f. t.*

1112 Architecture de Decker. *Nuremb. in-fol.*

1113 Maniére de Bâtir, par le Muet. *Par.* 1681. *in-fol.*

1114 L'Art de Charpenterie, par Jouffe. *Par.* 1751. *in-fol.*

1115 Traité des Ponts & Chauffées, par Gaultier 1716. 2 *tom* 1 *vol. in-8.*

1116 Traité de la Coupe des Pierres, par de la Rue. *Par.* 1718. *in-fol. gr. p. v. f. d. f. t.*

Mufique.

1117 Démonstration du Principe de l'Harmonie, par Rameau. *Paris,* 1750. *in-8.*

1118 Le Pouvoir de l'Amour, par Royer. *Par.* 1743. *in-fol. m. r.*

Architecture Militaire.

1119 Dictionn. Portatif de l'Ingénieur. *Par.* 1755. *in-8.*

1120 L'Architecture Militaire, par Fritach. *Leyde, Elzev.* 1635. *in-folio.*

1121 Architecture Militaire, ou l'Art de Fortifier. *La Haye,* 1741. 2 *vol. in-4. gr p.*

1122 Les Pratiques de Fortifier les Places, par Fabre. *Paris,* 1629. *in-fol.*

1123 La Science des Ingénieurs, par Belidor. *Par.* 1729. *in-4. gr. p.*

1124 Nouv. Fortification Françoise, par Rozard. *Nuremb.* 1731. *in-4.*

1125 Elémens de Fortification . par le Blond. *Par.* 1742. *in-12.*

1126 De l'Attaque & de la Défense des Places, par de Vauban. *La Haye,* 1737. 3 *vol. in-4.*

1127 Le Bombardier François. *Amst.* 1734. *in-4.*

1128 L'Ingénieur Moderne, par le Baron. F. D. R. *La Haye,* 1744. *in-8.*

Architecture Navale.

1129 Dictionn. de Marine. *Amst.* 1736. *in-4.*

1130 Navigation or, the Art of sailing upon the sea, by Emerson. *Lond.* 1764. *in-12.*

1131 L'Architecture Navale, par Dassié. *Par.* 1695. *in-4.*

1132 Elémens de l'Architecture Navale, ou Traité Pratique de la Construction des Vaisseaux, par Duhamel du Monceau. *Paris,* 1752. *in-4.*

1133 Traité du Navire, de sa Construction, par Bouguer. *Par.* 1746. *in-4.*

1134 La Théorie de la Manœuvre des Vaisseaux, par Pitot. *Par.* 1731. *in-4.*

1135 Traité de la Fabrique, des Manœuvres pour les Vaisseaux, par Duhamel du Monceau. *Paris,* 1746. *in-4.*

1136 La Connoissance des Pavillons ou Banniéres. *La Haye,* 1737. *in-4.*

1137 L'Art des Armées Navales, par le P. Hoste. *Lyon,* 1697. *in-fol.*

1138 L'Art de Naviger ou l'Art de la Marine, par Defaguliers. Amft. 1714. in-8.

1139 L'Art de Nager, par Thevenot. Par. 1752. in-12. fig.

Art Militaire.

1140 Veteres de Re Militari fcriptores cum not. Sterwechii. Vefal. 1670. 2 tom. 1 vol. in-8.

1141 Polyæni Strategematum Libri VIII. Gr. & Lat. cum notis Varior. & intrepret. Cafauboni. Lugd. Bat. 1692. in-8.

1142 Frontini Libri IV. Statagematicon cum varior. not. curante Oudendorpio. Lugd. Bat. 1661. in-8.

1143 Arriani Ars Tactica ex recenfione Blancardi. Amft. 1683. in-8.

1144 Inftitutions Militaires de Végece. Paris, 1743. in-12.

1145 Cours de la Science Militaire, par Bardet de Villeneuve. La Haye, 1740. 7 vol. in-8.

1146 Sentiment d'un homme de Guerre, par Folard. Paris, 1739. in-4.

1147 La Science de la Guerre. Par. 1757. in-8.

1148 Effai fur l'Art de la Guerre, par M. Turpin. Par. 1754. 2 vol. in-4. gr. p.

1149 A Treatife of Military Difcipline, by Bland. Lond. 1762. in-8.

1150 Regles Militaires du C. Meizo. Antv. 1615. in-fol.

1151 Mémoires de Feuquieres. Lond. 1736. in-4.

1152 Les mêmes. Lond. 1736. 4 vol. in-12.

1153 Le Parfait Capitaine, par le Duc de Rohan. 1757. in-12.

1154 Les Rêveries ou Mémoires fur l'Art de la Guerre, par le Comte de Saxe. La Haye, 1756. 2 vol. in-12.

1155 Traité Général des Subfiftances Militaires, par Dupré d'Aulnay. Par. 1744. in-4.

1156 L'Ecole de Mars, par Guignard, Paris, 1725. 2 vol in-4. gr. p.

1157 Etudes Militaires, conten. l'exercice de l'Infanterie, par Bottée. Par. 1750. 2 vol. in-12.

1158 Effai fur la Science de la Guerre, par le Bar. d'Efpagnac. Par. 1755. 7 vol. in-8.

1159 Effai fur la Caftramétation ou fur la Mefure & le Tracé des Camps, par le Blond. Par. 1748. in-8.

1160 Effai fur la Cavalerie tant Ancienne que Moderne, Par. 1756. in-4.

1161 Projet d'un Ordre François en Tactique, avec la suite. *Par.* 1755. 2 *vol. in-4.*

1162 Esprit des Loix de la Tactique & de différentes Institutions Militaires, par Bonneville. *La Haye*, 1762. 2 *vol. in-4.*

1163 Elémens de Tactique, par le Blond. *Par.* 1758. *in4.*

1164 Théorie Nouvelle sur le Mécanisme de l'Artillerie, par Dulacq. *Par.* 1741. *in-4.*

1165 Mémoires d'Artillerie, par de S. Remy. *Par.* 1697. 2 *vol. in-4.*

1166 Les mêmes. *Par.* 1736. 3 *vol. in-4. br.*

Hydrographie, Optique, Mécanique & Pyrothecnique.

1167 Hancken, Lucidum Prospectivæ speculum. *Ausp.* 1727. *in-fol.*

1168 La Perspective Affranchie, par Bourgoing. *Par.* 1661. *in-fol.*

1169 Hydrographie contenant la Théorie & la Pratique de la Navigation, par Fournier. *Par.* 1667. *in-fol.*

1170 N. Systême du Microcosme, par Tymogue. *La Haye*, 1726. *in-8.*

1171 Descriptions & Usuges des Microscopes, par Joblot. *Par.* 1718. *in-4.*

1172 Le Diverse & Artificiose Machine del Ramelli, in ling. Ital. & Francese. *Parig.* 1588. *in-fol. fig.*

1173 Traité d'Horlogerie pour les montres & les pendules, par Derham *Par.* 1746. *in-12.*

1174 Traité d'Horlogiographie, par le P. de Sainte-Marie-Magdeleine. 1691. *in-12. fig.*

1175 Traité de l'Horlogerie, par Thiout. *Par.* 1741. 2 *v. in-4.*

1176 L'Art de Tourner, par Plumier. *Par.* 1749. *in-fol. fig.*

1177 La Mécanique du Feu, par Gauger. *Paris*, 1749. *in-12.*

1178 La Pyrotechni, ou Art du Feu, par J. Vincent. *Par.* 1572. *in-4.*

1179 Art de la Verrerie, par Neri, trad. par le Baron d'Olbach. *Par.* 1752. *in-4.*

Art Gymnastique.

1181 L'exercice de monter à cheval, par René de Menou. *Par.* 1601. *in-4.*

1182 L'exercice de monter à cheval, par Pluvinel. *Par.* 1668. *in-8.*

1183 L'exercice de monter à cheval, par le même. Par. 1663.
in-fol.

1184 Méthode & Invention nouv de dresser les Chevaux, par
de Newcastle. Lond. 1737. in-folio. gr. p.

1185 Ecole de Cavalerie, par la Gueriniere. Par. 1753. in-fol.

1186 Le même. Par. 1757. 2 vol. in-8.

1187 Elémens de Cavalerie, par le même. Par. 1754. 2 vol.
in-12.

1188 Connoissance parfaite des Chevaux, par Saunier. Amst.
1734. in-fol. gr. p.

1189 L'Art de monter à Cheval, par le Bar. d'Eisenberg. La
Haye, 1733. on-4. obl.

1190 Diverses Figures & Maneiges de Chevaux, gravées, par
le M. de Sourches, sur velin. in-8. m. r.

1191 Le Parfait Maréchal, par de Garsault. Par. 1741. in-4.

1192 Elémens d'Hippiatrique, par Bourgelat. Lyon, 1750.
3 vol. in-8.

1193 Médecine des Chevaux, à l'usage des Laboureurs. Paris,
1763. in-12.

1194 Le Parfait Cocher. Par. 1744. in-12.

1195 La Venerie Royale, par de Salnove. Par. 1665. in-4.

1696 La Venaria Reale Palazzo di Piacere di Caccia discritto
dal Conte Amedio. 1672. in-4.

1197 Amusemens de la Chasse & de la Pêche. Amst. 1743.
2 vol. in-8.

1198 Trois Dialogues de l'Exercice de Sauter & Voltiger en
l'air, par Tuccaro. Par. 1599. in-4. fig.

BELLES-LETTRES.

Grammaires, Dictionnaires des Langues Orientales.

1199 Erpenii Grammatica Arabica. Amst. 1636. in-4.

1200 Masclef, Grammatica Hebraica. Parif. 1743. 2 vol. in-12.

1201 Buxtorfi, Lexicon Hebraicum. Lond. 1646. in-8.

1202 Thomassini Glossarium Hebraicum. Par. 1697. in-fol.

1202 * Lexicon Heptaglotton Hebraicum Chaldaïcum Syriacum,
&c. Authore Castello. 1669. 2 vol. in-fol.

1203 Linguæ Sinarum Grammatica Duplex auth. Fourmont.
Par. 1742. in-fol.

1204 Grammaire Turque. Constantin. 1730. in-4.

Grammaires, Dictionnaires de la Langue Grecque & Latine.

1205 Méthode pour apprendre la Langue Grecque. *Par.* 1719. *in-*12.

1206 Varennii, Syntaxis Linguæ Græcæ. *Par.* 1582. *in-*8.

1207 Vergaræ de Græcæ Linguæ Grammatica. *Parif.* 1557. *in-*12..

1208 Comenii Janua Linguarum referata cum græca verfione Simonii *Amft. Elzev.* 1649. *in-*8.

1209 Roberfon, Thefaurus Græcæ Linguæ. *Cantab.* 1676. *in-*4.

1210 Morelli, Thefaurus Græcæ Poefeos five Lexicon Græco-Profodiacum. *Etona*, 1762. *in-*4.

1211 Vulcanii, Lexicon Græco Latin. *Lugd. B.* 1600. *in-fol.*

1212 Hefychii Lexicum Grec. & Lat. cum notis doctorum virorum integris Had Junii, Stephani, &c. ftudio Alberti. *Lugd. Bat.* 1766. 2 *vol. in-fol. C. M. vel.*

1212 * Suidæ Lexicon Gr. Lat. ex verf. Porti edente cum not. Kufteri. *Cantab.* 1705. 3 *vol. in-fol. C. M. v. f. tr. f.*

1213 Portii, Dictionarium Latinum, Græco-Barbarum. *Lutet.* 1635. *in-*4.

1214 Junii, Nomenclator omnium rerum propria Nomina variis linguis explicata. *Antv.* 1583. *in-*8.

1215 De Verbis Anomalis Libr. II. *Parif.* 1533. *in-*8.

1216 Sanctii Minerva, feu de caufis Linguæ Latinæ Comment. cum notis Perizonii. *Amft.* 1714. *in-*8.

1217 Neftoris Dionyfii Navarienfis Vocabula. 1501. *in-fol.*

1218 Harpocrationis Lexicon decem Oratorum Gr. & Lat. N. Blancardus. *Lugd. Bar.* 1683. *in-*4.

1219 Spelmanni Gloffarium. *Lond.* 1626. *in-fol.*

1220 Novitius feu Dictionar. Lat. Gallic. aut Magniez. *Par.* 1721. 2 *vol. in-*4.

1221 Danetii, Mag. Dictionnarium Lat. & Gallic. *Lugd.* 1738. *in-*4.

1222 Lexicon Philologic. & Dict. Etymolog. ftud. de Sacra Quercu. *Lond.* 1677. *in-fol.*

1223 Martini Lexicon Philologicum. *Traj. Batav.* 1711. 2 *vol. in-fol.*

1224

1224 R. Stephani Thesaurus Linguæ Lat. Lond. 1734. 4 vol. in-fol.

1225 Ejusd. R. Stephani Thesaurus Linguæ Latinæ. Basil. 1740.
4 vol. in-fol.

1226 Du Cange , Glossarium Latinit. Paris.. 1678. 3 vol. in-fol.
C. M.

Grammaires & Dictionnaires de la Langue Françoise

1227 Projet du Livre de la Précellence du langage François ,
par H. Estiene. *Par.* 1579. *in-12.*

1228 Traité des deux imperfections de la Langue Françoise *Par.*
1759, *in-12.*

1229 Doutes sur la Langue Françoise , par le P. Bouhours. *Par.*
1674. *in-12.*

1230 La Défense & Illustration de la Langue Françoise. *Par.*
1549. *in-12. v. éc. tr. f.*

1231 Le Génie de la Langue Françoise , par Daisy. *Par.* 1685.
2 vol. *in-12.*

1232 Remarques de Vaugelas sur la Langue Françoise. *Paris* ,
1738. 3 vol. *in-12.*

1233 A. New. French Grammar, by Rogissard. *Hagua* , 1738.
in-12.

1234 Dictionnaire François & Latin , par Joubert. *Lyon.*, 1757.
in-4.

1235 Dictionnaire Universel de Furetiere, par Basnage. *La Haye,*
1727. 4 vol. *in-fol.*

1236. Dictionnaire François , par Richelet. *Genev.* 1699. *in-4.*

1237 Le même. *Rouen* , 1719. 2 vol. *in-fol.*

1238 Le même , nouv. édit. *Lyon,* 1759. 3 vol. *in-folio.*

1239 Le même , portatif. 1756. *in-8.*

1240 Dictionnaire de l'Académie Françoise. *Par.* 1718. 2 vol.
in-fol.

1241 Manuel Lexique , ou Dictionnaire portatif, par l'Abbé
Prevost. *Par.* 1750. *in-8.*

1242 Dictionnaire Etymologique de la Langue Françoise , par
Ménage , augmenté par M. Jault. *Par.* 1750. 2 vol. *in-fol.*

1242 * Dictionnaire de la Langue Bretonne, par le P. Pelletier.
Par. 1752. *in-fol.*

1243 Dictionnaire Comique , par le Roux. *Amst.* 1750. *in-8.*

1244 Dictionnaire Néologique par des Fontaines. *Amst.* 1747.
in-12.

H

Grammaires, Dictionnaires des Langues Italienne, Flamande, Angloise & portugaise.

1244 Eleganze, infieme con la copia, della Lingua Toscana, Latine, Scielte da Aldo Manutio. *Venet. Ald.* 1558. *in-8.*

1245 * Grammaire Italienne, par Antonini. *Par.* 1760. *in-12.*

1246 Vocabolario de gli Accademici della Crusca. *Firenze,* 1729. 4 *vol. in-fol. C. M.*

1247 Compendio del Vocabolario della Crusca. *Firenza.* 1729. 5 *vol. in-4.*

1248 Dictionnaire Italien & François, par Antonini. *Par.* 1743. 2 *vol. in-4.*

1249 Grammaire Flamande, par la Grüe. *Amst.* 1744. *in-12.*

1250 N. Introduction à la Langue Françoise, avec les Dialog. Franç. & Flamands. *Antv.* 1740. *in-12.*

1251 Dictionnaire François & Flamand, par Richelet. *Brux.* 1739. 2 tom. 1 *vol. in-4.*

1252 Le gr. Dictionnaire François & Flamand, par Halma. *Amst.* 1733. 2 *vol. in-4.*

1253 Grammaire Angloise, par Mauger. *Rouen,* 1722. *in-12.*

1254 N. Grammaire Angloise, par Lavery. *Par.* 1750. *in-12.*

1255 English and Portuguese Grammar. *Lond.* 1731. *in-8.*

1256 Dictionnaire François-Anglois, par Boyer. *Lond.* 1764. 2 *vol. in-4.*

1257 Le même. *Lyon,* 1756. 2 *vol. in-4.*

1258 Le même. *Lond.* 1767. 2 *vol. in-8.*

Rhétorique, Rheteurs & Orateurs Grecs & Latins.

1259 Demetrii Phalerei de Elocutione, five Dictione Rhetorica. *Glafg.* 1743. *in-8.*

1260 Demetrius Phalerius de Elocutione, Cr. & Lat. *Glafg.* 1743. *in-4.*

1261 D. Longini de grandi, five sublimi genere Orationis. *Colon.* 1612. *in-8.*

1262 Demosthenis Selectæ Orationes Gr. & Lat. cum notis Manntiney. *Lond.* 1764. *in-8.*

1262 * La Rhétorique d'Aristote, trad. par Caffandre. *Amst.* 1698. *in-12.*

1263 Rhétorique Françoise, à l'usage des Jeunes Demoiselles. *Par.* 1752. *in-12.*

1264 M. T. Ciceronis Opera. *Lugd. Bat. Elzev.* 1642. 10 *vol. in-12. vel*

1265 Ejusdem Opera , cum Gruteri & Selectis variorum notis edent. Schrevelio. *Amst. Elzev.* 1661. 2 *tom.* 1 *vol. in-4.*

1266 Ejusd. Opera. *Glasg.* 1749. 20 *vol. in-12.*

1267 Ejusd. Opera cum Commentar. cura Oliveti. *Geneva ,* 1764. 9 *vol. in-4*

1267 * Ejusd. Epistolæ famil. ad usum Delphini. *Paris.* 1685. *in-4.*

1268 Ciceronis Orationes ex recensione Grævii , cum notis variorum. *Amst.* 1675. 6 *vol.*..... Ejusd. Academicæ, cum notis Davisii. *Cant.* 1725....... Ejusd. Epistolæ ad familiares cum cotis variorum & Grævii. *Amst.* 1677. 2 *vol.*..... Ejusd. Epistolæ ad Atticum cum notis variorum & Grævii. *Amst.* 1684. 2 *vol.*...... Ejusd. Quæstiones Tusculanæ cum notis Davisii. *Cant.* 1723..... Ejusd. de Natura Deorum cum notis Davisii. *Cant.* 1718..... Ejusd. de Finibus bonorum & malorum cum not. Bentleji. *Cant.* 1718..... Ejusd de Divinatione & Fato cum notis Davisii. *Cant.* 1721..... Ejusd. de Officiis, Senectute , Amic. Paradoxa & Somnium Scipionis, cum notis variorum & Grævii. *Leydæ ,* 1710...... Ejusd. Rhetorica ad Herennium cum not. variorum & Grævii edent. Burmanno. *Leydæ ,* 1761....... Ejusd. de Oratore cum notis Pearci. *Cant.* 1716..... Ejusd. Epistolæ ad Q. Fratrem & Brutum cum not. variorum. *Haga Com.* 1725. 19 *vol. in-8.*

1269 Manutii Commentar. in Epistolas Ciceronis ad Junium Brutum. *Venet. Ald.* 1557. *in-8.*

1270 T. Ciceronis de Officiis ex recensione Grævii. *Lugd. Bat.* 1710. 2 *vol. in-8.*

1271 Pensées de Ciceron , par l'Abbé d'Olivet. *Amst.* 1746. *in-12.*

1272 Lettres de Cicéron à Atticus. *Par.* 1691. 2 *vol. in-12.*

1273 Lettres de Cicéron à Atticus , par Mongault. *Amst.* 1741. 6 *vol. in-12.*

1274 Lettres de Cicéron à Brutus , par de Laval. *Par.* 1730. 2 *vol. in-12.*

1275 Lettres Familieres de Cicéron, trad. par Prevost. *Par.* 1745. 5 *vol. in-12.*

1276 Mulierum Græcarum quæ Oratione prosa usæ sunt Gr. & Lat. cur. Wolfio. *Hamb.* 173...... Saphus Poetriæ Lesbiæ Fragmenta & Elogia cura & stud. Wolfii. *Hamb.* 1733. *in-4.*

C. M. H ij

1277 Quintiliani de Oratoria Inftitutione. *Parif. R. Steph.* 1542. *in-4.*

1278 Ejufd. Quintiliani. *Parif. Colin.* 1543. *in-4. l. v r.*

1279 Ejufd. Quintiliani. *Lutet.* 1580. *in-8.*

1280 Ejufdem Quintiliani cum not. Gibfon. *Oxonia*, 1603. *in-4*

1281 Ejufd. Quintiliani cum Gronovii & aliorum notis. *Lugd. Bat.* 1665. 2 *vol. in-8.*

1282 Ejufdem Quintiliani curante Burmanno. *Lugd. Bat,* 1720. 4 *tom.* 2 *vol. in-4. C. M.*

1283 Quintilien, de l'Inftitution de l'Orateur, trad. par Gedoyn. *Par.* 1718. *in-4.*

1284 C. Plinii Panegyricus cum notis variorum. *Lugd. Bat.* 1675. *in-8.*

1284* Caii Plinii Cæcilii fecundi Panegyrieus cum notis integris Arntzenii. *Amft.* 1738. *in-4. vel.*

1285 Panegyrici veteres cum interp. & not. de la Beaune ad ufum Delph. *Parif.* 1676. *in-4.*

1286 C. Plinii fecundi Panegyricus cum obfervat. Schwarzii. *Gotting.* 1735. *in-12.*

1287 Œuvres de Tourreil. *Par.* 1722. 2 *vol. in-4.*

1288 Oraifons Funebres, par Flechier. *Par.* 1748. *in-12.*

1289 Oraifons Funebres de Boffuet. *Par.* 1680. *in-12.*

1290 Traité du Beau, par Croufaz. *Amft.* 1714. 2 *vol. in-12.*

Poétique.

1291 Vanierii Dictionarium Poëticum. *Lugd.* 1720. *in-4.*

1292 Réflexions fur la Poéfie Françoife, par le P. du Cerceau. *Par.* 1742. *in-12.*

1293 Réflexions Critiq. fur la Poéfie & la Peinture, par Dubos. *Par.* 1756. 3 *vol. in-12.*

1294 La Poétique d'Ariftote, par Dacier. *Amft.* 1733. *in-12.*

1295 Di Gravina della ragione Poetica Libri II. *Roma.* 1708. *in-4. d. f. tr.*

1296 Annotationi di Piccolomi, nel libro della Poetica d'Ariftotele. *Vineg.* 1675. *in-4. d. f. tr.*

1297 Dictionnaire de Rimes, par Richelet. *Par.* 1760. *in-8.*

POETES GRECS.

Collections & Extraits des poètes Grecs.

1298 Poetæ Græci Principes Heroïci Carminis & alii nonnulli
græcè ex edit. H. Stephani. *Parif. H. Stephanus.* 1566. 2 *vol.
in-folio. m. r.*

1299 Selecta ex Homerio, Hefiodo, Theocrito, Callimacho,
Apollonio Rhodio, Sapphone, &c. cum Vulgata verfione
emendata. *Etonæ.* 1766. *in.* 8.

1300 Carmina novem illuftrium Feminarum. *Antv.* 1668. *in-8.
m. r.*

1301 Le Théàtre des Grecs, par le P. Brumoi. *Par.* 1763. 6
*vol. in-*12.

1301* Le même. *Par.* 1730. 3 *vol. in-*4.

Poètes Grecs.

1302 Homeri Ilias & Odyffea & in eafdem fcholia, five inter-
pretationes Didymi. *Lvgd. Bat.* 1566. 2 *tom.* 1 *vol. in-*4.

1302* Homeri Ilias & Odyffea Gr. & Lat. cum not. diverforum
nec non variis Lectionibus & Scholiis Barnes. *Catab.* 1711.
2 *vol. in-*4.

1303 Hemeri Ilias & Odyffea Græcè. *Glafgua.* 1756. 2 *vol.
in-folio. v. f tr. f.*

1304 Homeri Ilias Græce. *Lond.* 1714. *in-*8.

1305 Homeri Ilias Græce. *Oxon.* 1743. *in-*8.

1305* L'Iliade & l'Odyffée d'Homere, par de la Valletrie,
avec les figures de Schoonebeck. *Amft.* 1682. 2 *vol. in-*12.

1306 L'Iliade & l'Odyffée d'Homere, trad. avec des Remarq.
par M. Dacier. *Par.* 1711. 6 *vol. in-*12.

1307 The Iliad, Odyffey of Homer. *Lond.* 1725. 10 *vol. in-*4.

1308 The Iliad & Odyffey of Homer, by Pope. *Edinb.* 1763.
2 *vol. in-*12. *br.*

1309 The Iliad of Homer, by Pope. *Lond.* 1721. 6 *vol. in-*12.

1310 Comment. in Homerum Græce. *Vener.* 1526. *in-*4. *fig.*

1311 Homeri Epitheta omnia ex Iliade & Odyffæa. *Lvgd.* 1594.
*in-*12.

1312 Clavis Homerica. *Rotterd.* 1673. *in-*8.

1313 Eloge Hiftoriq. & Critiq. d'Homere, trad. par Pope. *Par.*
1749. *in-*12.

1314 Q. Calabri Prætermifforum ab Homero Libri XIV. Græce

cum verſione Lat. cum notis de Pauw. *Lugd. Bat.* 1734. *in-8.*

1315 Des Cauſes de la Corruption du Goût, par M. Dacier. *Par.* 1714. *in-12.*

1316 Apologie d'Homere & le Bouclier d'Achille. *Par.* 1715. *in-12.*

1317 Apothcoſis vel Conſecratio Homeri, Comment. Cuperi. *Amſt.* 1683. *in-4.*

1318 Heſiodi Aſcræi quæ extant ex recenſione Crævii, Schrevelii. *Lugd. B.* 1650. *in-8.*

1319 Callimachi Hymni & Epigrammata ex edit. Aubelii. *Lipſ.* 1741. *in-8.*

1320 Æſchylis Tragœdiæ VII. Opera Canteri. *Antv.* 1580. *in-12.*

1321 Æſchylis Tragœdiæ Gr. & Lat. cum variorum notis curante de Pauw. *Hag. C.* 1745. 2 *vol. in-4.* C. M. m. r.

1322 Tragœdiæ ſelectæ Æſchylis, Sophoclis, Euripidis Gr. Lat. *H. Stephan.* 1567. 2 *vol. in-12.*

1323 Prometeo legato Tragedia d'Eſchilo Volgarizzate con annotaz. ſul teſto Græco del Giacomelli. *Roma,* 1754. *in-4.*

1324 Sophoclis Tragœdiæ ſeptem Opera Canteri. *Antv. Plant.* 1693. *in-8.*

1325 Sophoclis Tragœdiæ VII. Gr. & Lat. *Cantabrig.* 1665. *in-8.*

1326 Sophoclis Tragœdiæ VII. Opera Canteri. *Lugd. Bat.* 1593. *in-8.*

1327 Sophoclis Tragœdiæ quæ exſtant VII. cum verſione Lat. *Glaſg.* 1745. 2 *vol. in-12.*

1328 Euripidis Tragœdie. *Venet. Ald.* 1503. *in-8. m. c.*

1328 * Euripidis Tragœdiæ Phœniſſæ Gr. & Lat. ex edit. Valckenaer. *Franequera,* 1755. *in-4.*

1329 Euripidis, Oreſtes Gr. & Lat. ex edit. Barneſii *Glaſg.* 1753. *in-12.*

1330 Oreſte di Euripide Tragedia del P. Carmeli. *Padova,* 1743. *in-8.*

1331 Ariſtophanis Comœdiæ XI. Gr. & Lat. *Lugd. Bat.* 1670. *in-12.*

1332 Eædem Gr. & Lat. per Kuſterum. *Amſt.* 1710. *in-fol.*

1333 Eæd. *Amſtel.* 1710. *in-folio.* C. M. vel.

1334 Ariſtophanis Nubes Comœdia Græce ex edit. Kuſteri. *Glaſg.* 1755. *in-12. v. ſ. tr. f.*

1335 Ariſtophanis Nubes Comœdia Græce, ex edit. Kuſteri, *Glaſg.* 1755. *in-4. v. f. t. f.*

1336 Pindari Olympia , Pythia , Nemea , Ilthmia. J. Benedictus.
Salmuri , 1620. in-4.

1336 * De Pauw notæ in Pindarem. Lond. 1749. in-8.

1337 Anacreontis Carmina Gr. & Lat. ex edit. Baxter. Lond.
1695. in-12.

1338 Anacreontis Carmina Gr. & Lat. ex edit. Barnefii. Catab.
1705. in-12.

1339 Œuvres d'Anacreon & de Sapho , par Longepierre. Amft.
1692. in-12.

1340 Poéfies d'Anacréon & de Sapho , trad. en Franç. avec des
Remarq. de Mad. Dacier. Amft. 1716. in-12.

1341 Odes d'Anacréon , par la même. Paris , 1704. in-12.

1342 Les Odes d'Anacréon & Sapho , par Fr. Gacon. Rotterd.
1712. in-12

1343 Imitation des Odes d'Anacréon, par de Seillans. Paris ,
1754. ii-12.

1344 Menandri & Philemonis Reliquiæ Gr. & Lat. cum notis
Grotii & Clerici. Amft. 1710. in-8.

1345 Lycophrontis Alexandra , Poema Gr. Lat. cum Ifaaci Com-
ment. & cum annotat. Poteri. Oxonii. 1697. in-fol.

1346 Novem Illuftrium Fœminarum, Sapphus Erinæ , Myras ,
&c. Fragmenta & Elogia Gr. Lat. cum not. variorum curant.
Wolfio. Hamburg.1735. in-4. C. M.

1347 Epigrammata Græca felecta ex Anthologia. Parif. H. Steph.
1570. in-12.

1348 Voffii de Poetis Græcis & Latinis. Amft. 1662. in-4.

POETES LATINS.

Collections & Extraits des Anciens Poëtes Latins.

1349 Poetæ Latini Rei Venaticæ Scriptores cum not. variorum
ex edit. Kempheri. Lugd. Bat. 1728. in-4.

1350 Poetæ Latini Minores [cum not. variorum & Burmanni.
Leyde , 1731. 2 vol. in-4. C. M. mar. r.

1351 Scriverii Fragmenta veterum Tragicorum. Lugd. Bat. 1620.
in-8. v. f.

1352 Carmina Quinque illuftrium Poetarum, Florent. 1549.
in-8.

Poëtes Latins Anciens.

1353 M. A. Plauti Comœdiæ XX. *Antv.* 1566. 2 *vol. in-*8.

1354 Eæd. Plauti Comœdiæ, cum varior. notis ex recensione Gronovii. *Amst.* 1684. *in-*8.

1355 Eæd. Plauti Comœdiæ cum interpret. & notis Operarii ad usum Delphini. *Paris.* 1679. 2 *vol. in-*4.

1356 Eædem Plauti Comœdiæ. *Amst.* 1612. *in-*24.

1357 Eæd. Plauti Comœdiæ. *Paris. Barbou.* 1759. 3 *vol. in-*12.

1358 Les Comédies de Plaute , Lat. & Fr. par de Marolles. *Par.* 1658. 4 *vol. in-*8.

1359 Comédies de Plaute, par le Fevre. *Lyon,* 1696. 3 *vol. in-*12.

1360 Les Comédies de Plaute , trad. par Gueudeville. *Leyde.* 1719. 10 *tom.* 5 *vol. in-*12.

1361 P, Terentii , Comœdiæ VI. ex recensione Heinsiana. *Lugd. Bat. Elzev.* 1635. *in-*12. *m. r.*

1362 Ejusd. Terentii , Comœdiæ sex cum not. varior. *Lugd. Bat.* 1657. *in-*8.

1363 Eædem Comœdiæ, cum interpret. & not. Camus ad usum Delphini. *Paris.* 1675. *in-*4.

1364 Eædem , nunc primum Italicis versibus redditæ cum Personarum figuris æri accurate incisis ex Mss. codice Bibliothecæ Vaticanæ. *Urbini,* 1736. *in-fol.*

1365 Eædem ad optim. exemplarium fidem recénsitæ acced. variæ lectiones. *Lond. Knapt.* 1751. *in-*8.

1366 Eædem Comœdiæ cum notis variorum ex edit. Bentlei. *Amst.* 1727.... Phædri Fabulæ cum notis ejusd. Bentlei. *Amst.* 1727. *in-*4. *C. M. m. r.*

1366 * Eædem Comœdiæ , cum not. variorum ex edit. Westerhovii, *Hag. Com.* 1726. 2 *vol. in-*4.

1367 Eædem curante Westerhovio. *Glasg.* 1742. *in-*8.

1368 Eædem Comœdiæ cum not. variorum ex edit. Schrevellii. *Lugd. B.* 1657. *in-*8.

1369 Eædem Comœdiæ. *Lond. Samby.* 1751. *in-*8. *m. r.*

1370 Il Terentio e ridotto da Fabrini. *Veneg.* 1566. *in-*4.

1371 Le grand Terence , en Rime que en Prose. *Par.* 1539. *in-fol. fig.*

1372 Les Comédies de Terence , Lat. & Fr. par Mad. Dacier , avec les Figures de B. Picard. *Rott.* 1717. 3 *vol. in-*12.

1373 T. Lucretii Cari de rerum natura cum notis Creech. Lond.
1717. in-8.

1374 Idem Lucretius. Parif. 1744. in-12. d. f. t.

1375 Œuvres de Lucrece trad. en François , avec les Remarques
du Baron de Coutures. Amft. 1682. 2 vol. in-12.

1376 Anti-Lucretius, five de Deo & Naturâ Libri IX. de Po-
lignac. Parif. 1747. 2 vol. in-8. v. f. d. f t.

1377 L'Anti-Lucrece, Poëme , par de Polignac , trad. par de
Bougainville. Parif. 1749. 2 vol. in-8. m. r. à. dent.

1378 Di Tito Lucretio Caro tradotti da Marchetti. Londra ,
1713. in-8 C. M.

1379 Di Tito Lucrezio caro trad. da Marchetti. Londra , 1760.
in-12.

1380 P. Virgilii Maronis Opera. Lugd. 1541. in-8.

1381 Eadem Virgilii Opera Manutii annotat. Venet. 1558. in-8.

1382 Ead. Virgilii Opera. Lugd. Bat. Elzev. 1636. in-12. m. r.

1383 Eadem Virgilii Opera cum variorum notis , Obfervation.
Emmeneffii. Lugd. B. 1680. 3 vol. in-8.

1384 Ead. Virgilii Opera cum interpret. & not. Ruæi ad ufum
Delphini. Parif. 1682. in-4.

1385 Eadem Virgilii ex edit. Maafvicii. Amft. 1730. in-12.

1386 Virgilii Fragmenta & Picturæ à Bartholo incifæ. Romæ ,
1741. in-fol.

1387 Ejufd. Virgilii codex antiquiffimus à Rufio Turcio Apro-
hiano diftinctus & emendatus ftud. Fogginii. Florent. 1741.
in-4.

1388 Eadem Virgilii Opera. Parif. Couftel. 1745. 3 vol. in-12.

1389 Eadem Virgilii cum integris varior. Commentariis Bur-
manni. Amft 1746. 4 vol. in-4. C. M. v. f.

1390 Virgilii , Horatii , Opera & Terentii Comœdiæ. Londini ,
Sandby. 1745. & feq. 4 vol. in-8. C. M. m. r.

1391 Les Œuvres di Virgile , par de la Landelle. Par. 1736.
4 vol. in-12.

1392 L'Opere de Virgilio Comment. dal Fabrini. Venet. 1623.
in-folio.

1393 L'Eneide di Virgilio del Commendatore Anibal Caro.
Parigi. 1760. 2 vol. in-8. v. ec. d. tr.

1394 Catulli , Tibulli & Propertii Opera cum intrepret. & not.
Silvii ad ufum Delphini. Parif. 1685. in-4.

1395 Catulli Tibulli & Propertii. Lutet. Couftel. 1723. in-4.

1396 Eadem. Parif. Barbou. 1744. in-12.

E

1397 Eadem. *Gottingæ.* 1732. *in-*12.

1398 Eadem Catulli, & in cum Vossii Observationes. *Lugd.
B* 1684. *in-*4.

1399 Eadem Catulli. *Lond* 1684. *in-*4.

1400 Ead. Tibulli Opera cum Comment. Broukhusii. *Amst.*
1708. *in-*4.

1401 Eadem Propertii Opera cum Comment. Broukhusii. *Amst.*
1702. *in-*4.

1402 Les Amours de Catulle, par de la Chapelle. *Par.* 1725.
2 *vol. in.* 12.

1403 Les Amours de Tibulle, par le même. *Par.* 1719. 3 *vol.
in-*12.

1404 La Vie & les Amours de Tibulle, par Gillet. *Par.* 1743.
2 *vol. in* 12.

1405 Q. Horatii Opera. *Parif. R. Steph.* 1544. *in-*8. *m. r.*

1406 Eadem ex edit. Hensii. *Lugd. Bat. Elzev.* 1629. 2 *vol.
in-*12. *vel.*

1407 Ead. Parisiis ex Typographia Regia. *Parif.* 1642. *in-folio,*

1408 Eadem cum Comment. J. Bond. *Amst. Elzev.* 1676. *in-*12.
m. r.

1409 Eadem Horatii Opera cum interpret. & not. Desprez ad
usum Delphini. *Parif.* 1691. 2 *vol. in-*4.

1410 Eadem Horatii Opera. *Amst.* 1718. *in-*12.

1411 Eadem cum not. varior. ex edit. Bentlei. *Amst.* 1727. *in-*4.
C. M *m. r.*

1412 Eadem. *Parif. è Typegr. R.* 1733. *in-*24. *m. b.*

1413 Ead. Æneis Tabulis incisa curis Pine. *Lond.* 1733. 2 *vol.
in-*8. *gr. p. m. r.*

1414 Ead. *Parif. Couftel.* 1746. *in-*12. *m. r.*

1415 Ead. *Glafgua,* 1750. *in-*12.

1416 Q. Horatii Flacci Emblemata ftud. Væni. *Antv.* 1612.
*in-*4 *fig.*

1417 Les Poéfies d'Horace trad. par le P. Sanadon. *Par.* 1728.
2 *vol. in-*4. *gr. p.*

1418 Les mêmes Poéfies d'Horace. *Par.* 1756. 8 *vol. in-*12.

1419 Les mêmes. *Par.* 1756. 8 *vol. in-*8.

1420 Les mêmes. *Par.* 1756. 3 *vol. in-*12.

1421 Les mêmes. *Par.* 1756. 2 *vol. in-*12.

1422 Horace Lat. & Franç. avec les Remarq. de M. Dacier.
Par. 1709. 10 *vol. in-*12. *gr. p.*

1423 Le même Horace. *Amst.* 1727. 10 *vol. in-*12.

1424 Les mêmes avec des Remarq. de Dacier, Benlei, Cuningam, & du P. Sanadon. *Hamb.* 1733. 2 *vol. in-4. v. f. tr. f.*

1425 L'Opere d'Oratio Poëta Lyrico Comment. da Fabrini. *Venet.* 1669. *in-4.*

1426 Publii Ovidii Nasonis Opera. *Par.* 1478. *in-fol.*

1427 Eadem. *Amstel.* 1619. 3 *vol in-24.*

1428 Eadem. *Lugd. Bat. Elzev.* 1629. 3 *vol. in-12. m. r.*

1429 Eadem cum not. variorum ex edit. Heinsii curante Schrevelio. *Lugd. B.* 1662. 3 *vol. in-8.*

1430 Ead. Ovidii Opera. *Amstel. Elzev.* 1685. 3 *vol. in-24.*

1431 Eadem. *Amstel.* 1684. 3 *vol. in-24.*

1432 Eadem cum interpret. & not. Crispini Helvetii ad usum Delphini. *Lugd.* 1689. 4 *vol. in-4.*

1433 Eadem Ovidii Opera. *Parif. Barbou.* 1762. 3 *vol. in-12.*

1434 Les Œuvres d'Ovide, par de Martignac. *Lyon,* 1697. 6 *vol. in-12.*

1435 Ovidii Nasonis Metamorphofeon Libri XV. cum not. Farnabii. *Amst.* 1650. *in-12.*

1436 Métamorphofes d'Ovide, par Duryer *Amst.* 1702. *in-folio. fig.*

1437 Les mêmes en Lat. & en Fr. par le même, avec les Figures de B. Picart. *Amst.* 1232. *in-folio. gr. p. m. c.*

1438 Les mêmes, par Bannier. *Par.* 1757. 3 *vol. in-12.*

1439 Le Metamorfofi di Ovidio ridotte da Andrea dell'Anguillara. *Venet,* 1613. *in-4.*

1440 Les XV. Livres de la Métamorphofe d'Ovide, par Bracher. *Par.* 1539. *in-8. fig.*

1441 Les XXI. Épitres d'Ovide, trad. par Fontaine. *Par.* 1580. *in-12. v. f.*

1442 Comment. fur les Epitres d'Ovide, par Bachet Mefiriac. *La Haye,* 1716. 2 *vol. in-8.*

1443 Les Epitres d'Ovide, par Bachet. *Bourg.* 1626. 2 *vol. in-8. m. c. lv. r.*

1444 Les Epitres & les Elegies Amoureufes d'Ovide. *La Haye,* 1685. *in-12.*

1445 Phædri Fabulæ cum not. variorum & Obfervat. Laurentii. *Amst.* 1667. *in-8. fig.*

1446 Phædri Fabularum Libri V. cum Comment. Burmanni. *Leyde,* 1727. *in-4.*

1447 Eædem cum not. Hooghftratani. *Amst.* 1701. *in-4. fig.*

1448 Eædem. *Amst.* 1701. *in-4 C. M. m. r. fig.*

1449 Eædem. *Glasgua.* 1743. *in-12.*

1450 Eædem. *Parif. Barbou,* 1753. *in-12. m. r.*

1450 * Ann. Senecæ & aliorum Tragœdiæ. *Amft.* 1636. *in-4.*

1451 Senecæ Tragœdiæ cum not. integris Gronovii. *Delphis,* 1728. *in-4.*

1452 Corn. Ætna & quæ fuperfunt Fragmenta cum not. & interpretat. Scaligeri. *Amft.* 1703. *in-12.*

1752 * Ann. Lucani Pharfalia cum notis Grotii & Forñabii. *Amft.* 1643. *in-12.*

1453 Ann. Lucani Pharfalia cum Comment. P. Burmanni. *Lydæ,* 1740. *in-4.*

1454 Ejufdem Lucani Pharfalia. *Leydæ,* 1740. *in-4. C. M. br.*

1454 * La Pharfale de Lucain, par Brebeuf. *Leyde, Elzev.* 1758. *in-12.*

1455 Lucan Pharfale, by Rowe. *Lond.* 1720. 2 *vol. in-12.*

1456 Poëme de Petrone fur la Guerre civile entre Céfar & Pompée, avec deux Epitres d'Ovide, par Bouhier. *Lond.* 1737. *in-4.*

1457 C. Silii Italici cum notis variorum ex edit. Drakenborchii. *Traj. ad Rh.* 1717. *in-4. C. M.*

1458 Perfii, Junii Juvenalis Satyrarum Libri V. *Lutet.* 1585. *in-12. m. r.*

1459 J. Juvenalis & Perfii Satyræ ad ufum Delphini cum interpret. & not. Pyrrhi. *Par.* 1684. *in-4.*

1460 Traduct. des Satyres de Perfe & de Juvenal, par Tarteron. *Par.* 1706. *in-12.*

1461 Colderini Commentarii in Juvenalem. *Romæ,* 1474. *in-fol.*

1462 Merulæ Alexandri Præfatio in Satyrarum Juvenalis enarrationes. 1478. *in-fol.*

1463 Papini Statii Opera. *Venet. Aldus* 1519 *in-8.*

1464 P. P. Statii Opera.

1465 Valerii Flacci Argonauticon cum not. Burmanni. *Leydæ,* 1727. *in-4.*

1466 M. Valerii Martialis Epigrammata Libri XV. cum interpret. & not. Colleffonis ad ufum Delphini. *Parif.* 1680. *in-4.*

1467 Eadem Martialis Epigrammata cum notis Collefonis ad ufum Delphini. *Venet.* 1739. *in-4.*

1468 Eadem Martialis Epigrammata cum notis variorum felectiffimis ad ufum Delphini interpretatus eft Colleffo. *Amft.* 1701. *in-8. v. f.*

1469 Eadem Martialis Epigr. *Amftel. Elzev.* 1664. *in-24.*

1470 V. Martialis ex Mufeo Scriverii. *Amft. Elzev.* 1664. *in-24.*

1471 Aufonii Opera ex recenfione Tolili cum not. variorum. *Amft.* 1671. *in-8.*

1472 Claudiani quæ exftant. *Antv.* 1607. *in-24.*

1473 Ead. Claudiani cum not. Heinfii *Amft.Elzev.*1650 *in-24.*

1474 Eadem Claudiani. *Amft. Elzev.* 1677. *in-24.*

1475 Eadem Claudiani quæ exftant ex recenfione Heinfii. *Lugd. Bat. Elzev.* 1650. *in-12* m. r.

1476 Eadem Claudiani cum not. integris Delrii , Claveri & Dempfteri. *Amft.* 1760. *in-4.* v. f. tr. t.

1477 Cyclopædiæ Anti-Claudiani feu de officio Viri boni. *Antv.* 1651. *in-12.*

1478 Prudentii Clementis quæ extant ex recenf. Heinfii. *Amft. Elzev.* 1667. *in-12.* m. r.

1479 Pervigilium Veneris cum notis & additionib. variorum. *Hag. Com.* 1712. *in-8.*

Poëtes Latins Modernes.

1480 Pontani Opera. *Venet. Aldus.* 1505. *in-12.*

1481 M. Palingenii Zodiacus Vitæ. *Rott.* 1722. *in-8.*

1482 Poetæ Rufticantis (Deflandes) Litteratum otium. *Lond.* 1752. *in-12.* m. r.

1483 Santolii Opera Poetica. *Parif.* 1694. *in-12.* m. r.

1484 Hymnes de Santeuil. *Par.* 1760. *in-12.*

1485 Epigrammata Oweni. *Lugd. Bat. Elzev.* 1628. *in-24.*

1486 Septem illuftrium Virorum Poemata. *Antv.* 1662. *in-8.*

1487 Buchanani Poemata quæ extant.*Amft. Weftein.*1687. *in-16.*

1488 Baudi Poemata. *Lugd. B.* 1616. *in-8.*

1489 Winfemii Amores. *Franck.* 1631. *in-12.* m. r.

1490 Cent Fables choifies des anciens Auteurs mifes en vers latins, par Faerne , trad. par Perrault , avec Figures. *Lond.* 1743. *in-4.*

1491 Les mêmes. *Lond.* 1743. *in-4.* gr. p. fig.

1492 Vincentii Obfopoei & Matt. Delio de Arte Jocandi & bibendi. *Ludg. B.* 1754. *in-12.*

1493 Recentiores Poetæ Latini & Græci felecti V. curis Olivetl. *Lugd. Bat.* 1743. *in-8.*

1494 Saurei Lufus Poetici Allegorici. *Parif.* 1725. *in-12.*

1495 Burmanni Pœmata curante Burmanni juniore. *Amft.* 1746. *in-4.*

1496 Villa Burchelia vulgo Pinciana poeticè defcripta ab And. Brigentio. *Roma* , 1716. *in-8.*

1497 Opus Merlini Cocaii (Theop. Folengii) Macaronicorum. *Venet.* 15 1. *in-12. m. r.*

1498 Idem. *Venet.* 1564. *in-12. m. r. fig.*

1499 Idem *Venet.* 1572. *in-12. fig.*

1501 Histoire Maccaronique de Merlin Coccaie (Theop. Folengi). *Par.* 1734. 2 *vol. in-12.*

1502 Antonius de Arena Provincialis de Bragardissima Villa de Soleriis. 1670. *in-12.*

1503 A. de Arena Provencialis de Bragardissima Villa de Soleriis ad suos Compagnones. *Lond.* 1758. *in-12.*

Poëtes François

1504 Recueil de l'origine de la Langue & Poésie Françoise, Rime & Romans, par Fauchet. *Par.* 1581. *in-4*

1505 N. Recueil des Epigrammatistes Franç. par de la Martiniere. *Amst.* 1720. 2 *vol. in-12.*

1506 Le Parnasse de Théophile. 1677. *in-12.*

1507 Recueil de Poésies de Sygognes, Regnier, Motin, Berthelot, Maynard & autres plus signalés Poëtes. *Par.* 1633. *in-8.*

1508 Le même Recueil. *Holl.* 2 *vol. in-12.*

1509 Poésies Choisies. *Par.* 1660. 5 *vol. in-12.*

1510 Le Roman de la Rose, par du Molinet. *Par. Verard,* *in-folio. Gott.*

1511 Le Roman de la Rose, par de Lorris, avec des notes & un Glossaire, par Dufresnoy. *Par.* 1735. 4 *vol. in-12.*

1512 Le Roman des Trois Pélérinages. *in-4. Gott.*

1513 Le Jardin de Plaisance & Fleur de Rhétorique. *Par. in-4. Gott.*

1514 La Legende de maître P. Faifeu.... La Farce de maître P. Pathelin, avec son Testament.... Œuvres de Jean Marot.... Poésies de Mattial de Paris...Les Poésies de Guill. Coquillart... Œuvres de Villon.... Les Poésies de Guill. Cretin. *Par. Couftel.* 1724. 8 *vol. in-8.*

1515 Les Arrêts d'Amour avec l'Amant rendu Cordelier, par Martial d'Auvergne. *Amst.* 1731. 2 *tom.* 1 *vol. in-12.*

1516 Les Œuvres de Cl. Marot. *Par.* 1544 *in-8. fig. m. r.*

1517 Les mêmes. *Par.* 1582. *in-8. m. r. d. de mar.*

1518 Les mêmes. *La Haye,* 1700. 2 *vol. in-12.*

1519 Les mêmes, donné par Lenglet du Fresnoy. *La Haye,* 1731. 4 *vol. in-4.*

1520 Marguerites de la Marguerite. *Par.* 1554. 2 *vol. in-24.*

1521 Œuvres Poëtiques de Mellin de S. Gelais. *Par.* 1739. *in-12.*

1522 Œuvres Poëtiques de J. Grisel. *Rouen,* 1599. *in-12.*

1523 Poësies de Malleville. *Par.* 1649. *in-4. v. f. tr. t.*

1524 Poësies Héroïques de Pinchesne. *Par.* 1670. *in-4. v. f. tr. f.*

1525 La Muse Historique en vers, par Loret. *Paris,* 1656. *in-4. v. f. tr. f.*

1526 Œuvres Poëtique de Beys. *Par.* 1651. *in-4. v. f. tr. f.*

1527 Les Satyres de Regnier. *Leyde, Elzev.* 1652. *in-12.*

1528 Les mêmes Satyres. *Lond.* 1729. *in-4. v f. tr f.*

1529 Les mêmes, avec des Remarques. *Lond.* 1729. *in-4. m. r.*

1530 Les mêmes, avec des cadres rouges. *Amst.* 1732. *in-folio. m. r.*

1531 Œuvres de Théophile. *Par* 1662. *in-12.*

1532 Œuvres d'Honorat de Bueil, Seigneur de Racan. *Paris, Coust.* 1724. 2 *tôm.* 1 *vol. in-12.*

1533 Le Trompeur Puni, par de Scudery. *Par.* 1633. *in-8. d. f. t.*

1534 Œuvres Poëtiq. d'Amadis Jamin. *Par.* 1579. *in-12.*

1535 Œuvres de J. A. de Baif. *Par.* 1573. *in-8. m. r.*

1536 Poëme de S. Prosper *Par.* 1650. *in-12.*

1537 Marie-Magdelaine, ou le Triomphe de la Grace, Poëme, par Desmarets. *Par.* 1669. *in-12.*

1538 La Madelaine au Désert de la S. Baume en Provence, Poëme par le P. de S. Louis. *Lyon,* 1694. *in-12.*

1539 La Sylvie de Mairet. *Troyes,* 1654. *in-12.*

1540 Poësies de Gombaud. *Paris,* 1646. *in-4. v. f. tr. f.*

1541 Œuvres de Mad. Deshoulieres. *Paris,* 1753. 2 *vol. in-12.*

1542 Œuvres de la Fontaine. *Par.* 1726. 3 *vol. in-12.*

1543 Les mêmes, *Par.* 1758. 4 *vol. in-12.*

1544 Fables Choisies de la Fontaine. *La Haye,* 1700. 2 *vol. in-12. fig.*

1545 Fables Choisies, du même. *Par.* 1759. 2 *vol. in-12. fig. v. f. tr. f.*

1546 Les mêmes. *Par.* 1756. *in-12.*

1547 Les mêmes, nouv. édit. ornée d'estampes, & gravées d'après les Desseins d'Oudry, par Cochin & autres. *Paris,* 1755. 4 *vol. in-folio. gr. p. v. f. d. f. tr.*

1548 Nouvelles en vers, par le même. *Amst.* 1685. *in-8. fig.*

1549 Les mêmes. *Par.* 1743. 2 *vol. in-12.*

1550 Œuvres de Boileau Despreaux. *Par.* 1713. 2 *tom.* 1 *vol. in-4.* gr. p. d. f. t.

1551 Les mêmes, avec les Figures de Picard. *La Haye,* 1722. 4 *vol. in-12, v. f. d. f. tr.*

1552 Les mêmes. *La Haye,* 1729. 2 *vol. in-fol. f. v. tr. f.*

1553 Madrigaux par de la Sabliere. *Paris,* 1680. *in-12.*

1554 Myfis & Glaucé, Poëme. *Genev.* 1748. *in-12.*

1555 Œuvres d'Eft. Pavillon. *Amft.* 1720. *in-12.*

1556 Epigrammes, Madrigaux & Chanfons, par le Brun. *Par.* 1714. *in-8.*

1557 Poéfies du P. Sanlecque. *Genev....* Poéfies de Ferrand.... Mérope, Tragédie, par Clement.... Le Méchant, Comédie, par Greffet. *Paris,* 1747. *in-12.*

1558 Œuvres de Chaulieu. *Amft.* 1733. 2 *vol. in-8. v. f.*

1559 Poéfies de Bern. de la Monnoie, avec fon Eloge publ. par de Sallengre 1716. *in-8.*

1560 Œuvres de Roufeau. *Amft.* 1734. 4 *vol. in-12.*

1561 Les mêmes. *Lond.* 1758. 4 *vol. in-12.*

1562 Poéfies de Coulange. *Par.* 1754. *in-12.*

1563 Valantins, Queftions d'Amour *Par.* 1669. *in-12.*

1564 Fables de la Motte. *Par.* 1719. *in-4. gr. p. fig.*

1565 La Religion, Poëme, par Racine. *Par.* 1742. *in-12.*

1560 La Henriade de M. de Voltaire. *Lond.* 1728. *in-4. gr. p.*

1567 L'Eleve de Terpficore, ou le Nourriffon de la Satyre, par de Boiffy. *Amft.* 1718. *in-12.*

1568 Poéfies diverfes de Desforges-Maillard. *Par.* 1750. *in-12.*

1569 Le Pain-bénit de l'Abbé de Marigny. 1673. *in-12.*

1570 Choix de Poéfies de Greffet. *in-12.*

1571 Le Paradis Terreftre, Poëme, par Mad. du Boccage. *Lond.* 1748. *in-8.*

1572 Recueil de Chanfons choifies, notées. *La Haye,* 1726. 8 *vol. in-12.*

1573 Noël Borguignon, avec les notes de la Monnoie. *Dijon* 1720. *in-8.*

1574 Lou Trimfe. de la Lengovo Gafcovo per J. G. d'Aftros. *Toul.* 1643. *in-12.*

Poëtes Dramatiques François.

1575 Dictionn. des Théâtres de Paris, par MM. Parfait. *Par.* 1756. 6 *vol. in-12.*

1576 La Pratique du Théâtre, par d'Aubignac. *Amst.* 1715.
2 *vol. in-8.*

1577 De la Réformation du Théâtre, par Riccoboni. *Par.* 1743.
in-12.

1578 Le Mystére des Actes des Apôtres par personnages, par
Arn. Greban. 1541. *in-folio. Gott. m. r.*

1579 Les Tragédies de R. Garnier. *Lyon*, 1596. *in-12.*

1580 Tragédies Françoises de Billard. *Par.* 1610. *in-8. v. f.*

1581 Le Théâtre d'Alex. Hardy. *Par.* 1624. 7 *vol. in-8.*

1582 Oeuvres de P. & T. Corneille. *Par.* 1738. 11 *vol. in-12.*

1583 Les mêmes. *Amst.* 1740. 10 *vol. in-12.*

1584 Les mêmes. *Par.* 1759. 19 *vol. in-12.*

1585 Les mêmes, avec des Comment. de M. Voltaire. *Genev.*
1765. 12 *vol. in-8.*

1586 Oeuvres de Moliere. *Par.* 1749. 8 *vol. in-12.*

1587 Les mêmes. *Par.* 1734. 6 *vol. in-4. v. f. tr. f.*

1588 Les mêmes. *Par.* 1734. 6 *vol. in-4. m. r.*

1589 Théâtre de Quinault. *Paris*, 1715. 5 *vol. in-12.*

1590 Oeuvres de Racine. *Par.* 1736. 2 *vol. in-12. fig.*

1591 Les mêmes. *Amst.* 1750. 3 *vol. in-12. m. r.*

1592 Les mêmes. *Par.* 1766. 3 *vol. in-12.*

1593 Les mêmes. *Par.* 1760. 3 *vol. in-12.*

1594 Les mêmes. *Par.* 1760. 3 *vol. in-4. v. ec. tr. f.*

1595 Les mêmes. *Par.* 1760. 3 *vol. in-4. m. r.*

1596 Œuvres de Poisson. 1743. 2 *vol. in-12.*

1596 *Le Théâtre de Haute-Roche. *Par.* 1736. 3 *vol. in-12.*

1597 Théâtre de le Grand. *Par.* 1731. 4 *vol. in-12.*

1598 Oeuvres de Dancourt. *Par.* 1742. 8 *vol. in-12.*

1599 Oeuvres de Palaprat. *Par.* 1712. 2 *vol. in-12.*

1600 Oeuvres de Campistron. *Par.* 1739. 2 *vol. in-12.*

1601 Théâtre de Mad. Barbier. *Par.* 1745. *in-12.*

1602 Oeuvres de Théâtre de Destouches. *Par.* 1735. 5 *vol.*
in-12.

1603 Oeuvres de Théâtre de Marivaux. *Paris*, 1758. 5 *vol.*
in 12.

1604 Oeuvres de Crébillon. *Par.* 1754. 3 *vol. in-12.*

1605 Les mêmes. *Par.* 1750. 2 *vol. in-4.*

1606 Théâtre de Danchet. *Par.* 1751. 4 *vol. in-8.*

1607 Mémoires pour servir à l'Histoire des Spectacles de la
Foire, par Parfait. *Par.* 1743. 2 *vol. in-12.*

Poétes Italiens & Espagnols.

1608 Delle rime Scelte da diversi Autori. *Venet.* 1564. *in-12.*

1609 Scelta di Sonetti e Canzoni de Piu excellenti Rimatori. *Venezia,* 1739. 5 *vol. in-12.*

1610 Poesie Italiane di Rimatrici Viventi. *Venez.* 1617. *in-8.*

1611 Diporti Poetici di Cesare Orsino. *Venet.* 1630. *in-8. tr. f.*

1612 Poesie Italiane di Rimatrici Viventi. *Venet.* 1716. 2 *vol. in-8.*

1613 Rime di Ant. Rolli. *Lond.* 1717. *in-8. C. M.*

1614 Il Telemaco tratto da Scarselli. *Roma,* 1747. 2 *vol. in-4. m. r. à. d. t.*

1615 Delle Satyre e Rime di Lud. Ariosto Libri due *Lond.* 1716. *in-8. C. M.*

1616 Rime del Commendatore Annibal Caro. *Venet. Manut.* 1569. *in-4.*

1617 Opere Poetiche del Guarini. *Venet. in-24.*

1618 Bertoldo con Bertoldino con fig. *Bologna.* 1736. *in-4.*

1619 Morgante Maggiore di Luigi Pulci con fig. *Venet.* 1550. *in-4. fig.*

1620 Italia liberata del Antonini. *Parigi.* 1729. 3 *vol. in 8.*

1621 Dello Paradiso Perduto Poema trad. da Rolli. *Lond.* 1729. *in-fol. C. M.*

1622 Comedia del Dante con l'Espositione di Landino & di Vellutello. *Venet.* 1578. *in-folio.*

1623 La medesimo Comedia del Dante. *Lione,* 1575. *in-8.*

1624 Il Petrarcha con l'Espositione di Vellutello. *Veneg.* 1541. *in-8.*

1625 Il medesimo con l'Espositione di Vellutello *Veneg,* 1538. *in-4.*

1626 Il Medesimo. *Venet.* 1560. *in-12.*

1627 Il medesimo. *Venet. in-12.*

1628 Orlando Furioso di Lod. Ariosto con Figure di Porro. 1583. *in-fol.*

1629 Il medesimo. *Venet.* 1606. *in-8.*

1629 * Il Medesimo. *Parigi.* 1746. 4 *vol. in-12.*

1630 La Gierusalemme Liberata del Torquato Tasso figurato di Bern. Castello. *Genev.* 1617. *in-fol.*

1631 La medesima. *Bason. in-24.*

1632 La medesima. *Roma.* 2 *vol. in-24.*

1633 La medesima. *Parigi nella stamperia Reale* 1644. *in-fol.*

1634 La medesima con fig. Glasg. 1764. 2 vol. in-12.

1635 Aminta di Torq. Tasso. Leyde. Elzev. 1656. in-12. m. r.

1636 Aminta di Torquato Tasso. Glasg. 1753. in-12. m. r.

1637 Il Pastor Fido del Guarini. Amst. 1642. in-24. m. r.

1638 Il Medesimo. Venet. 1625. in-4.

1639 Il Medesimo. Venet. in-24. m. r.

1640 Il Medesimo. Amst. Elzev. 1640. in-24. m. r.

1641 Il Medesimo Amst. Elzev. 1678.

1642 Il medesimo. Amst. in-24.

1643 Il Medesimo. Amst. 1663. in-12.

1644 Il Medesimo. Amst. 1736. in-4. m. cit.

1645 Quatre Comedie di Pietro Aretino. 1588. in-8. m. r.

1646 L'Adone Poema del Marino. Amst. Elzev. 1978. 4 vol. in-24.

1647 L'Adone Poema del Marino. Amst. 1651. 2 vol. in-12.

1648 La Secchia Rapita Poema Eroicomico del Tassoni. Venet. 1642. in-12.

1648 * La Secchia Rapita Poema Eroicomio del Al. Tassoni. In Parigi. 1766. 2 vol. in-8. pap. d'Holl. fig.

1649 La Philis de Scire Pastorale. Par. 1669. in-12.

1650 Le Comedie del Doct. Goldoni. Torino. 1736. 11 vol. in-8.

1651 Poesie del Signor Abate Metastasio. In Parigi. 1749. 10 vol. in-12. v. f. tr f.

1652 Tragédies-Opéra , du même , trad. en Franç. par Riche-let. Par. 1751, 11 vol. in-12.

1653 Le Théâtre Italien de Gherardi. Par. 1741. 6 vol. in-12.

1654 N. Théâtre Italien , par le même. Par. 1733. 9 vol. in-12.

1654 * La Retraite des Dieux , Poésie dramatique , pour ser-vir d'Introduction à un Ballet de Divinité marine en Italien & François. Petersb. 1757. in-4.

1655 Les Parodies du Théâtre Italien. Par. 1738. 4 vol. in-12.

1656 El Cavallero determinado escrito en Lingua Castelana por D. Sarmiento. Portugal. 1560. in-8. fig.

1657 La Lusiade du Camoens , Poëme , par Duperon de Castera. 1735. 3 vol. in-12.

Poëtes Anglois.

1658 Paradise Lost & Regained , by Milton. Lond. 1731. 2 vol. in-12.

1659 Paradise Lost à Poem , by Milton. Lond. 1751. in-12. fig.

K ij

1659 * Paradis-Perdu Angl. & Franç. *Par.* 1765. 2 *vol. in*-12.

1660 Le Paradis Perdu de Milton, trad. par Dupré de S. Maur. *Par.* 1743. 3 *vol. in*-12.

1661 Fables Ancient & Modern. tranflated into verfe, by Dryden. *Glafg.* 1752. 2 *vol. iu*-12.

1662 The Poetical Works of Rochefter Rofcomon. *Lond.* 1739. *in*-12.

1663 The Dunciad. *Lond.* 1745. *in*-4.

1664 Grobianus or the Compleat Booby an ironical Poem, by Bull, *Lond.* 1739. *in*-8. *v. f.*

1665 The Canterbury Tales of Chaucer, by Ogly. *Lond.* 1741. 3 *vol. in*-8.

1666 The Works of Drayton. *Lond.* 1753. 4 *vol. in*-8.

1667 Hudibras, by Sam. Butler. *Edinb.* 1758. *in*-12. *br.*

1668 Poeims upon Several occafione, by Congreeve. *Lond.* 1753. *in*-12.

1669 The Poetical Works, by Edw. Young. *Lond.* 1741. 2 *vol. in*-8. *br.*

1670 Leonidas à Poem. *Lond.* 1737. *in*-4.

1671 Leonidas, trad. de l'Angl. *Genev.* 1738. *in*-12.

1672 King Arthur an Heroick Poem, by Blackmore. *Lond.* 1697. *in-fol.*

1673 The Drammatick Works of Nathanael Lee. *Lond.* 1734. 3 *vol. in*-12.

1674 The Works of Shakefpear. *Edinb.* 1761. 8 *vol. in*-12.

1675 The Britifts Stage, beeng à Collection of the beft modenr English acting Plays. *Lond.* 1752. 6 *vol. in*-12.

Mythologie, Fables, &c.

1676 Mythographi Latini oum Comment. Munckeri. *Amft.* 1681. *in*-8.

1677 La Mythologie & les Fables expliquées par l'Hift. par l'Abbé Banier. *Par.* 1738. 3 *vol. in*-4.

1678 Le Temple des Mufes, *Amft.* 1754. *in-fol. gr. p.*

1679 Dictionn. Mytho-Hermétique, par D. Pernety. *Par.* 1758. *in*-8.

1680 Les Fables Egyptiennes & Grecques, par le même. *Par.* 1758. 2 *vol. in*-8.

1681 Fables d'Efope. *Par.* 1763. 2 *vol. in*-12. *fig.*

1682 Fables of Hefop, by Roger, *Lond.* 1724. 2 *vol. in*-8.

1683 Fables d'Esope, avec les fig. par Barlouw. *Amst.* 1714. *in-4.*

1684 Fables Héroïques, par de la Martiniere. *Amst.* 1754. 2 *vol. in-12. fig,*

1685 Fables Choisies, par Chambaud. *Lond.* 1751. *in-12.*

Romans.

1687 Heliodori Historiæ Æthiopicæ Libri X. Græc. *Basil.* 1534. *in-4.*

1688 Heliodori Æthiopicorum Libri X. Græc. & Lat. 1696. *in-8.*

1689 Eadem Gr. & Lat. cum animadversionibus Bourdelotii. *Par.* 1619. *in-8*

1690. Longi Pastoralium de Daphnide & Chloé Libri IV. Gr. Lat. *Lutet.* 1754. *in-4. fig. m. r.*

1691 Les Amours Pastorales de Daphnis & Cloé, trad. du Grec, par Amiot. 1745. *in-12. v. d. f. tr.*

1692 Les mêmes, avec les figures gravées d'après les Desseins du Duc d'Orléans. 1745. *in-8. m. à d.*

1693 Les mêmes, par Longus, trad. par Amyot & un Anonyme. *Holl.* 1757. *in-4. v. f.*

1694 Les mêmes. *in-4. m. r. fig.*

1695 Les Chastes & Loyales Amours de Théagene & Cariclée, par Hardy. *Par.* 1623. *in-12.*

1696 Les Amours de Théagene & de Cariclée. *Par.* 1743. 2 *vol. in-12. v. f. d. f. tr. fig.*

1697 Les Amours d'Ismene & d'Ismenias, trad. du gr. d'Eustathius. *La Haye*, 1742. *in-12. v. f. d. f. tr. fig.*

1698 Les Affections de divers Amans. *Par.* 1743. *in-12. d. f. t.*

1699 Achillis Tatii Erotica, sive de Clitophontis & l'Eucippi amoribus Libri VIII. Gr. & Lat. cum not. Salmasii. *Lugd. B.* 1640. *in-12. v. f.*

1700 Les Amours de Clitophon & l'Eucippe. *La Haye*, 1735. *in-12.*

1701 Barclaii Argenis cum notis variorum. *Lugd. Bat.* 1669. 2 *vol. in-8,*

1702 Barclaii Argenis. *Lugd. Bat. Elzev.* 1630. *in-12.*

1703 J. Barclai Argenis. *Lugd. Bat.* 1650. *in-12.*

1704 Les Dionysiaques, ou les Voyages & les Amours de Bacchus, trad. par Poitet. *Par.* 1625. *in-8.*

1705 Les Voyages de Cyrus, par Ramfay. *Par.* 1753. 2 *vol. in-*12.

1708 Les Amours & les Avantures d'Arcan & de Belize. *Leyde* 1714. *in-*12.

1709 Clelie, Hiftoire Romaine, par de Scudery. *Par.* 1654. 10 *vol. in-*8.

1710 Polyandre, Hiftoire comique. *Par.* 1648. 2 *vol. in-*8.

1711 Mathilde. *Par.* 1667. *in-*8.

1712 Alexis, par l'Evêq. du Belley. *Par.* 1622. 6 *vol. in-*8.

1713 La Cytherée, par Gomberville. *Par.* 1842. 6 *vol. in-*8. *tr..f.*

1714 L'Aftrée de Honoré Durfé. *Par.* 1647. 5 *vol. in-*8.

1715 Caffandre, Roman. *Par.* 10 *vol. in-*12.

1716 Caffandre, Roman. *Par.* 1752. 3 *vol. in-*12.

1717 Cléopatre, par de la Calprenede. *Par.* 1642. 12 *vol. in-*8. *m. r.*

1718 Celinte. *Par.* 1661. *in-*8.

1719 Le Clorefte, de l'Evêque du Belley. *Lyon*, 1626. 2 *vol. in-*8.

1720 Bergere Amoureufe, par Verdier. *Par. in-*8.

1721 Le Songe de Poliphile. *Par.* 1600. *in-*4. *fig.*

1722 Difcours du Songe de Poliphile, par Martin. *Par.* 1561 *in-fol.*

1723 Les Evénemens finguliers de l'Evêque du Belley. *Par.* 1660. *in-*8. *m. r.*

1724 Macarife ou la Reine des Ifles fortunées, par Hedelin. *Par.* 1664. 2 *vol. in-*8.

1725 La Cour d'Amour, ou les Bergers galans, par du Perret. *Par.* 1667. 2 *vol. in-*8.

1726 Ibrahim, ou l'illuftre Baffa, par Scudery. *Par.* 1641. 4 *vol. in-*8.

1727 Le Calloandre fidelle, par Scudery. *Par.* 1668. 2 *vol. in-*8. *m. r.*

1728 Les Avantures d'Apolonius de Tyr. *Par.* 1710. *in-*12.

1729 L'Infante déterminée par Beroalde. *Lyon*, 1596. *in-*12.

1730 Lettres Amoureufes d'Eft. du Tronchet. *Par.* 1571. *in-*12.

1731 La Dianée. *Par.* 1642. 2 *vol. in-*8.

1732 Le Prince ennemi du Tyran, Hift. Grecq. *Par.* 1646. *in-*8.

1733 Les Amours de Henri IV. *Amft.* 1754. *in-*12.

1734 Amours des Dames illuftres de France. *Col.* 2 *vol. in-*12.

1735 La France Galante. Col. 1696. in-12.

1736 La France Galante. Colog. 2 vol. in-12.

1737 Le Passe-tems Royal de Versailles. Cologne, 1712..... Les Amours d'Anne d'Autriche. Col.... Le Momus François. Cologne. 1727. in-12.

1738 Les Galanteries des Rois de France. Colog. 3 vol. in-12.

1739 Galanteries des Rois de France, par Sauval. Holl. 1738. 2 vol. in-12. v. f. fig.

1740 Le Siége de Calais. La Haye, 1740. in-12.

1741 Annales de la Cour & de Paris. Amst. 1702. 2 vol. in-12.

1742 Mémoires pour servir à l'Histoire de la Calotte. Basle, 1725. in-12.

1743 La Princesse de Cleves. Par. 1765. 2 vol. in-12.

1744 Lettres à la Marquise sur le sujet de la Princesse de Cleves, par Valincourt. Par. 1678. in-12.

1745 Conversations sur la Critique de la Princesse de Cleves, par de Charnes. Par. 1689. in-12.

1746 Anecdotes de la Cour de Childeric Roi de France. Par. 1736. in-12.

1747 Les Illustres Françoises, par Charles. La Haye, 1748. 3 vol. in-12.

1748 Le Cheval. des Essars & la Comtesse de Berci, Histoire. Par. 1735. 2 vol. in-12.

1749 Histoire de la Comtesse de Savoie. 1726. in-12. v. f.

1750 Les deux Déesses de Montagathe. Par. 1625. in-8. m. v.

1751 Zayde, Histoire Espagnole, par de Segrais. Par. 1764. 2 vol. in-12.

1752 Le Prétendant ou Perkin faux Duc d'York, par la Paix de Lizancourt. Colog. 1716. in-12.

1753 Rome Galante, ou Histoire secrette sous les regnes de J. César & d'Auguste. Par. 1696. in 12.

1754 Hist. des Amours d'Abailard & d'Heloïse. Amst. 1700. in-12.

1755 Avantures Galantes & divertissantes de Roquelaure. Amst. 1727. in-12.

1756 Diane de Castro. Par. 1728. in-12.

1757 Les Avantures de Télémaque, par Fénélon, avec des Remarques critiq. Rotterd. 1725. in-12. m. r.

1758 Les mêmes. Par. 1717. 2 vol. in-12.

1759 Les Impératrices Romaines, par de Serviez. Par. 1744. 3 vol. in-12.

1760 La Vida de Lazarillo de Tormes. Milan. 1587. in-12. m. r.

1761 La Vie de Marianne , par de Marivaux. *Par.* 1755. 4 *vol. in-*12.

1762 La Nouvelle Marianne. *La Haye* , 1740. 3 *vol. in-*12.

1763 Pamela ou la Vertu recompensée. *Par.* 1742. 4 *vol. in-*12.

1764 Pamela ou la Vertu recompensée. *Amst.* 1765. 8 *vol. in-*12.

1765 Sethos , par l'Abbé Terrasson. *Par.* 1731. 1 *vol. in-*12.

1766 Histoire Secrette de la Reine Zarah. *Oxford.* 1711. *in-*12.

1767 L'héroine incomparable de notre siécle. *La Haye,* 1714 *in-*12.

1768 Hist. Tragiq. & Galantes. *Par.* 1715. 3 *vol. in-*12.

1769 Hist. Secrette des Femmes Galantes de l'Antiquité. *Par.* 1726. 6 *vol in-*12.

1770 Anecdotes ou Histoire de la Maison Ottomane. *Amsterd.* 1734. 4 *tom.* 2 *vol. in-*12.

1771 Le Bachellier de Salamanque , par le Sage. *Par.* 1659. 3 *vol. in-*12.

1772 Histoire de la Comtesse des Bares , par l'Abbé de Choisi. *Brux.* 1736. *in-*12.

1773 Le Diable Boiteux , par le Sage. *Par.* 1756. 3 *vol. in-*12.

1774 Hist. de l'admirable Guzman d'Alfarache , par le même. *Par.* 1734. 3 *vol. in-*12 *fig.*

1775 Mémoires & Avantures d'un Homme de qualité ; par l'Abbé Prevost. *Amst.* 1759. 6 *vol. in-*12.

1776 Mémoires pour servir à l'Histoire de Malte , par le même. *Amst.* 1741. 2 *tom.* 1 *vol. in-*12.

1778 Le Philosophe Anglois , ou Hist. de Cleveland , par le même. *Amst.* 1749. 8 *vol. in-*12.

1779 Le Doyen de Killerine , par le même. *Par.* 1741. 6 *vol. in-*12.

1780 Histoire d'une Grecque Moderne , par le même. *Amst.* 1741. 2 *tom.* 1 *vol. in-*12.

1781 Lettres Angl. ou Hist. de Miss Clarisse Harlove , par le même. *Lond.* 1751. 12 *vol. in-*12.

1782 Hiacynte ou le Marq. de Celtas Dirorgo. *Amst.* 1731. 2 *vol. in-*12.

1783 Les Avantures du Prince Jakaya. *Par.* 1731. 2 *vol. in-*12.

1784 Le Comte de Cardonne ou la Constance victorieuse. *Par.* 1734. *in-*12.

1785 Voyage de Campagne , par Mad. la Comtesse de M***. *Par.* 1734. *in-*12.

1786 La Payfane parvenue, par le Chevalier de Mouhy. *Par.* 1756. 4 *vol. in-*12.

1788 Lettres du Commandeur De**, à Madem. De**, par le même *Par.* 1753. *in-*12.

1789 Lectures Amufantes, par le même. *La Haye*, 1737. 2 *vol. in-*12.

1790 Les Délices du Sentiment, par le même. *Par.* 1753. 2 *vol. in-*12.

1791 Lamekis ou les Voyages extraordinaires d'un Egyptien, par le même. *Par.* 1735. *in-*12.

1792 Mémoires de la Comteffe de Mirol, par le Marq. d'Argens. *La Haye*, 1748. *in-*12.

1793 Les Enchaînemens de l'Amour & de la Fortune, par le même. *La Haye*, 1748. *in-*12.

1794 Le Légiflateur Moderne ou les Mémoires du Chev. de Meilcourt, par le même *Amft* 1749. *in-*12.

1795 Amufemens Hiftoriques, par d'Auvigny. *Par.* 1735. 2 *vol. in-*12.

1796 Hiftoire de D. Ranucio d'Alétes. *Venife.* 1736. 2 *vol. in-*12.

1797 Les Journées Amufantes, par Mad. de Gomez. *Par.* 1738. 8 *vol. in-*12.

1798 Amufemens des Eaux de Schwalfbach. *Liége*, 1739. *in-*12.

1799 Mémoires, Anecdotes pour fervir à l'Hift. de M. Duliz. *Lond.* 1739. *in-*12.

1800 Lettres de la Marq. de M***, par M. Crébillon. 1739. *in-*12.

1801 Les Egaremens du Cœur & de l'Efprit, par le même. *La Haye*, 1758. *in-*12.

1802 Mémoires de la Comteffe Linfka, par de Lavalle. *Par.* 1739. *in-*12.

1803 Le Prétendu Enfant fuppofé, par de Vaubreton. *La Haye*, 1740. *in-*12.

1804 Hiftoire de Madem. de Salens, par Mad. Lentot. *La Haye*, 1740. 2 *vol. in-*11.

1805 Mémoires ou Aventures du Comte de Kermalec. *La Haye*, 1740. 2 *vol. in-*12.

1806 Œuvres de Mad. de Ville-Dieu. *Par.* 1740. 12 *vol. in-*12.

1807 Mémoires Hiftoriques du Comte Betlem-Niklos. *Amft.* 1741. *in-*12.

L

1808 Amuſemens de la Campagne. *Par.* 1742... Mémoires du Comte de Comminge. *La Haye* , 1735. *in-*12.

1809 Le Guerrier Philoſophe ou Mémoires du Duc De **. *La Haye* , 1744. 2 *vol. in-*12.

1810

1811 L'Académie Militaire. *Amſt.* 1749. 3 *vol. in-*12.

1812 Mémoires d'un honnête homme. *Amſt.* 1745. *in-*12.

1813 Anecdotes Secrettes. *Pekin.* 1746. *in-*12.

1814 Receuils de Romans Hiſtoriq. *Lond.* 1746 8 *vol. in-*12.

1815 Mémoires Hiſtoriq. Orientale , par M. de Voltaire. *Lond.* 1747. *in-*12.

1816 La Trentaine de Cithere. *Lond.* 1753. *in-*12.

1817 Mémoires de Poligny. *La Haye* , 1749. *in-*12.

1818 Les vrais Plaiſirs ou les Amours de Vénus & d'Adonis. 1748.... Lettres du Marq. 1748... Les Epoux réunis.... Le Prince Ananas. *La Haye* , 1748. *in-*12.

1819 Bibliotheque Choiſie & Amuſante. *Amſt.* 1749. 6 *vol. in-*12. *v. cy.*

1820 Hiſt. de la Princeſſe Jaiven. *La Haye* , 1750. *in-*12.

1821 Les Femmes Militaires. *Par.* 1750. *in-*12.

1822 Les Plaiſirs ſecrets d'Angélique. *Lond.* 1751. *in-*12.

1823 Le Petit-Maitre Philoſophe. *La Mecq* , 1751. *in-*12.

1824 Ma-Gakou , Hiſtoire Japonnoiſe , par Chevrier. *Goa* , 1752. *in-*12.

1825 Mémoires du Chev. de Ravanne. *Amſt.* 1752. 3 *vol. in-*12.

1826 Mémoires de Gaudence de Luques , priſonnier de l'Inquiſition. *Amſt.* 1753. 2 *vol. in-*12.

1827 Campagnes Philoſophiques ou Mémoires de Montcal. *Amſt* 1741. 2 *vol. in-*12.

1828 Roman Oriental. *Par.* 1753. *in-*12.

1829 Abbaſſaï, Hiſtoire Orientale , par Mad. Faucque. *Par.* 1753. 2 *tom.* I *vol. in-*12.

1830 Le Palais du Silence , Conte Philoſophiq. *Amſt.* 1754. 2 *vol. in-*12.

1831 L'Ami de la Fortune. *Lond.* 1754. *in-*12.

1832 Mémoires de Juſtine. *Lond.* 1754. *in-*12.

1833 La Double Beauté. *Cantorb.* 1754. *in-*12.

1834 Le Juge parvenu. *Lond.* 1754. 2 *vol. in-*12.

1835 Hiſtoire du Prince Adoniſtus. *Amſt.* 1755.... Lettres de Milady Juliette Cateſby. *Amſt.* 1759.... Mon Radotage &

celui des autres... Cléopatre d'Après l'Hist. 1750. *in-12.*

1836 Histoire de Mad. la Comtesse de Montglas. *Amst.* 1756. *in-12.*

1837 Mémoires du Maréchal de Gramont, par de Gramont. *Par.* 1716. 2 *vol. in-12.*

1838 Mes Loisirs, par le Chev. d'Arcq. *Par.* 1756. *in-12.*

1839 Mémoires & Avantures d'une Dame de qualité. *Francf.* 1757. 3 *vol. in-12.*

1840 L'Ecole de Lamitie. *Amst.* 1757. *in-12.*

1841 L'Isle taciturne & l'Isle enjouée. *Amst.* 1756. *in-12.*

1842 Daïra, Histoire Orientale, par de la Popliniere. *Par.* 1761. *in-12.*

1843 Julie, ou la Nouvelle Héloïse, par Rousseau. *Amst.* 1764. 6 *tom. en* 3 *vol. in-12.*

1844 Memoires du Comte de Guines, par le Blanc. *Amst.* 1761. *in-12.*

1845 Female Falshood or the Life and Adventures, of a late French Nobleman. *Lond.* 1722. 2 *vol. in-12.*

1846 The Adventures of David simple, by Lady. *London.* 1744. 2 *vol. in-12.*

1847 Le Véritable Ami, ou la vie de David simple. *Amst.* 1749. 2 *tom.* 1 *vol. in-12.*

1848 The History of Tom-Jones a Foundlingh., by Fielding. *Lond.* 1749. 4 *vol. in-12.*

1849 Memoires de Wuillamet Nortingham, ou faux Lord Kington. *La Haye.* 1741. *in-12.*

1850 Avantures de Londres *Amst.* 1751. *in-12.*

1851 Histoire d'un Gentil-homme Ecossois. *La Haye*, 1750. *in-12.*

1852 Histoire de Jonathan Wild le Grand, trad. de l'Angl. de Fielding, par M. Picquet. *Lond.* 1763. *in-12.*

1853 The Histori of Lucy Wellers, by a Lady. *Lond.* 1714. 2 *vol. in-12.*

1854 The History of Miss Charlotte Seymour. *Lond.* 1764. 2 *tom.* 1 *vol. in-12.*

1855 The Adventures of sir Launcelot Greaves, by Roderick Random. *Lond.* 1762. 2 *vol. in-12.*

1856 The Adventures of Peregrine Pickle. *Lond.* 1758. 4 *vol. in-12. br.*

1857 Family Pictures a novel, by a Lady. *Lond.* 1764. 2 *tom.* 1 *vol. in-12.*

Romans de Chevalerie.

1858 Hiſtoire des Merveilleux faits du Preux & Vaillant Chev.
Artus de Bretaigne. *Par.* 1584.... Hiſt. du Noble Triſtan,
Prince de Leonnois, par Maugin dit l'Angevin. *Par.* 1586...
Hiſt. des Hauts & Chevaleureux faits d'Armes, du très-
puiſſant & très-magnanime & victorieux Prince Meliadius,
dit Chev. de la Croix par le Chev. du Clergé. *Par.* 1584....
Hiſt. d'Olivier de Caſtille & d'Artus d'Algarbe, preux &
vaillans Chevaliers. *Par.* 1587. *in-4. m. r.*

1859 L'Hiſtoire du Petit Jehan de Saintré. *Par.* 1724. 3 *vol.
in-12.*

1860 Lancelot du Lac. 1533. 3 *tom.* 1 *vol. in-fol.*

1861 La très-élégante, délicieuſe, Melliflue & très-plaiſante
Hiſt. du Roi Perceforet, Roi de la Grande-Bretagne. *Par.*
1581. 3 *in-folio. m. r.*

1862 Meliadus de Lionnoys. *Par. Galliot du Pré,* 1528. *in-fol.*

1863 Le premier livre & ancienne Chronique de Gerard d'Eu-
phrate. *Par.* 1549. *in-fol.*

1864 Hiſt. de Noble Triſtan, Prince de Lionnois, par Maugin
Par. 1586. *in-4*

1865 L'Hiſt. de Olivier de Caſtille & Artus d'Algarbe, preux
& vaillans Chevaliers. *Rouen. in-4.*

1866 Hiſt. des Avantures heureuſes & malheureuſes de Fortu-
natus qu'il a euë en ſon voyage. *Rouen,* 1656. *in-8. m. v.*

1867 Les Proueſſes & faits du très-preux noble & vaillant
Huon de Bordeaux. *Lyon,* 1586. *in-4. tr. f.*

1868 L'Hiſt. des Quatre fils Aymons, très-nobles & vaillans
Chevaliers. *Troyes, in-4.*

1869 Les Croniques & Vertueux faits du preux & vaillant Prince
Judas Machabeus, un des neuf preux, très-vaillant Juif,
par de S. Gelais. *Par.* 1556. *in-8.*

1870 Le Roman des Chevaliers de la Gloire, par Roſſet. *Par.*
1613. *in-4.*

1871 Vida y hechos Don Quixote de la Mancha, compueſta
por Miguel de Servantes Saavedra. *Haia,* 1744. 4 *vol.
in-8.*

1872 Hiſtoire de Don Quichotte. *Paris,* 1754. 6 *vol. in-12.*

1873 Les principales Avantures de Don Quichotte, repréſentées
en fig. par Coypel, Picart & autres. *La Haye,* 1746. *in-fol. m. r.*

1874 The History of Don Quixote de la Mancha, by de Mig. de Servantes Saavedra tranſlat., by Ozell. *Lond.* 1733. 2 vol. *in-12.*

Poëſies proſaïques, Facéties & Collections de Nouvelles.

1875 Eraſmi Encomium Moriæ cum Liſtrii Comment. & figuris Holbenii *Baſil.* 1676. *in-8.*

1876 Apulei Metamorphoſeon ex edit. Scriveri *Amſtel.* 1623. *in-24.*

1877 Nugæ Venales ſive Theſaurus ridendi & jocandi. 1632. *in-12.*

1878 Apulei Opera interpr. & not. Floridi ad uſum Delphini. *Par.* 1688. *in-4.*

1879 Laus Aſini. *Lugd. B. Elzev.* 1629. *in-24.*

1880 L'Amoroſa Flammetta di Boccaccio. *Venet.* 1565. *in-12.*

1881 Le Théâtre de divers Cerveaux du Monde, par Chapuis. *Par.* 1586. *in-8. v. f.*

1882 Procès & Amples Examinations ſur la Vie de Carême-prenant. *Par.* 1605..,. La raiſon pourquoi les Femmes ne porte point Barbe au menton... Traité de Mariage entre Julian Peoger dit Janicot, & Jaqueline Papinet ſa future Epouſe. *Lyon,* 1611. *in-12.*

1883 Le Grand Miſtere, où l'Art de Méditer ſur la Garderobe, par Swift. *La Haye,* 1729. *in-12. v. f.*

1884 La Semaine de Guillaume de Saluſte, Seign. du Bartas. *Par.* 1603. *in-12.*

1885 Les Serées de Guillaume Bouchet. *Lyon,* 1618. *in-8.*

1886 La plaiſante & joyeuſe Hiſt. du Grand Géant Gargantua. *Valence,* 1547. *in-8. fig.*

1887 Œuvres de Rabelais. *Lyon,* 1593. *in-12. m. c.*

1888 Les mêmes. *Holl.* 1681. 2 vol. *in-12.*

1889 Les mêmes. *Holl. Elzev.* 1663. 2 vol. *in-12.*

1890 Les mêmes avec les Notes de Duchat. *Amſt.* 1725. 5 vol. *in-8.*

1890* Les mêmes, avec les Figures de B. Picart. *Amſt.* 1744. 3 vol. *in-4. m. r.*

1891 Hiſt. Comiq. de Francion. *Par.* 1673. 2 vol. *in-12.*

1892 The Comical Hiſtori of Francion. *Lond.* 1727. 2 vol. *in-12.*

1893 La Genealogia de Gli Dei de Gentili di Boccaccio. *Venet.* 1569. *in-4.*

1894 Le Tombeau de la Mélancholie. *Par.* 1634. *in-*12.

1895 Le Grand Dictionn. des Prétieuses, par de Sommaise. *Par.* 1660. *in-*12.

1896 Le Grand Diction. des Prétieuses, par Somaise. *par.* 1661. 2 *vol.* *in-* 8. *v. c. tr. f.*

1897 Il Decamerone di Boccaccio *Fiorenza* 1573. *in-*4.

1898 Il Decamerone di G. Boccaccio. *Amst. Elzev.* 1665. *in-*12.

1899 Il Decamerone di Boccaccio. *Lond* 1727 2 *vol. in-*12.

1900 Contes & Nouvelles de Bocace. *Amst.* 1697. 2 *vol. in-*8. *fig.*

1901 Il Libro del Cortegiano del Conte Baldesar. *Venet* 1538. *in-*12.

1902 Les Contes ou les Nouv. Recréations & joyeux Devis de Bonavent. des Periers. *Amst.* 1735. 3 *vol. in-*12. *v. f.*

1903 Les Contes & Discours d'Eutrapel. *Rennes,* 1592. *in-*12. *v. f.*

1904 Contes de Marmontel. *Par.* 1766. 3 *vol. in-*8. *gr. p. fig. m. r.*

1905 Excellent Discours de l'Espine, Angevin. *Geneve,* 1613. *in-*8.

1906 Delle novelle del Bandello *Venet.* 1566 3 *tom.* 1 *vol. in-*4.

1907 Les Cent Nouvelles Nouvelles, avec les *fig.* de Romain de Hooge. *Cologne,* 1736. 2 *vol. in-*12. *d. f. tr.*

1908 La Fouyne de Seville. *Par.* 1661. *in-*8. *v. f. tr. f.*

1909 Nouv. Exemplaires de Michel de Cervantes, par l'Abbé S. Martin. *Lauf.* 1759. 2 *vol. in-*12. *fig.*

Contes des Fées, ou Narrations Fabuleuses.

1910 Contes Nouveaux, ou les Fées à la mode, par Daulnoy. *Par.* 1715. 2 *vol. in-*12.

1911 Nouveaux Contes des Fées Allégoriques. *Amst.* 1736. *in-*12.

1912 Contes Chinois. *Par.* 1723. 2 *vol. in-*12.

1913 Les Mille & une Faveur, par le Chev. de Mouhy. *Lond.* 1740. 8 *vol. in-*12.

1914 Hist. du Prince Titi. *Par.* 2 *vol. in-*12.

1915 Hist. Japonoise. *Pekin,* 1758. 2 *in-*12. *fig.*

1916 Mirza & Fatmé, Conte Indien, par M. Saurin. *La Haye,* 1754. *in-*12.

1917 Hist. Indienne. *Par.* 1751. 2 *vol. in-12.*

1918 Le Grelot. *in-12.*

1919 Acajou & Zirphile, Conte, par M. Duclos. *Menut.* 1744. *in-12.*

1920 Nerair & Melhoë, Conte. 1760. 2 *vol. in-12.*

1921 Le Prince des Aigues-Marines & le Prince Invisible Conte, par Montesquieu. *Par.* 1744. *in-12. fig.*

philologues, Critiques, Satyres & Apologies.

1922 Clerici Ars Critica. *Amst.* 1712. 3 *vol. in-8.*

1923 Parallele des Anciens & des Modernes, par Perault. *Par.* 1692. 4 *vol. in-12.*

1924 Introduction Générale à l'Etude des Belles-Lettres, par de la Martiniere. *La Haye,* 1731. *in-12.*

1925 Athenæi Deipno Sophistarum libri XV. Gr. & Lat. interpr Deluchamp & Casaribon. *Lugd..* 1612. 2 *vol in-fol.*

1926 Auli Gellii Noctes Atticæ *Amstel.* 1666. *in-12.*

1926 * Auli Gellii Noctium Atticarum libri XX. cum not. Frederici & Gronovii. *Lugd. B.* 1706. *in-4.*

2927 Macrobius de somno Scipionis *Brixia.* 1501. *in-fol.*

1928 Macrobii opera acced. notæ integræ Gronovii *Lugd. B.* 1670. *in-8.*

1929 Victorii Variarum lectionum Libri XXXVIII. *Florent.* 1583. *in-fol.*

1930 Le Chef-d'œuvre d'un Inconnu par Matanasius *la Haye.* 1745 2 *vol in-12.*

1931 Le Romant Satyrique de Jean de Lannel, *Par.* 1623. *-8.*

1932 Voltariana, ou Eloges Amphigouriques de M. Voltaire, *Par.* 1749. *in-8.*

1933 Lettres Historiq. & Philologiq. du Comté d'Orreri, *Lond.* 1753. *in-12*

1934 L'Apocalypse de Meliton par de Bellay. *S. Leger* 1665. *in-12.*

1935 Le Philosophe Négre, & les Secrets des Grecs. *Londr* 1769. *in-12.*

1936 Amusement Philosophiq. très-serieux Comique, Historiq. Politique, Critiq. Satyriq. par Gueudeville. *la Haye.* 1743. *in-12.*

1937 Amusemens Serieux & Comiq. par Dufreny. *Amst.* 1729. *in-12.*

1938 Réflexions fur les Grands Hommes qui font morts en plaifantant, par Deflandes. *Rochefort,* 1758 *in-12.*

1939 Les Quinze Joyes du Mariage. *la Haye,* 1734. *in-12.*

1940 Les Chats, par M. de Moncrif. *Rotterd.* 1728. *in-8.*

1941 Hift. des Rats, par Bourdon. 1737. *in-8.*

1942 T. Mori Utopia. *Amft.* 1631. *in-24.*

1943 Alexandri ab Alexandro Genialium Dierum Libri VI. cum not varior. ex edit. Tiraquelli *Lugd. Bat.* 1673. 2 *vol in-8.*

1944 La derniere Guerre des Betes, Fable pour fervir à l'Hift. du XVIII. Siecle. par Mad. Fauque. *Lond.* 1758. *in-12.*

1045 Critiq. de la Charlatanerie. *Par.* 1726. *in-12.*

1946 Nouvelle Ecole Publiq. de Finances, ou l'Art de voler fans aîles. *Cologne,* 1708. 2 *vol in-12.*

1947 Libro di novelle e di Bel Parlare Gentile. *Firenze* 1724. *in-8.*

1948 Effais de Critique fur les Ecrits de Rollin, trad. d'Herodote, & fur le Dictionn. de la Martiniere par Bollanger. *Amft.* 1740. *in-12.*

1949 T. Petronii Satyricon cum not varior. ex edit. Hadrianide. *Amft.* 1669. *in-8.*

1950 Ejufd. Petronii curante Burmanno *Traj. ad R.* 1729. *in-4. C. M.*

1951 Ejufd. Petronii Arbitri Satyricon, curante Burmanno *Trajecti ad R.* 1729. *in-4.*

1951 * Petrone Lat. & Franc. par Nodot. *Par.* 1971 2 *vol. in-12 fig.*

1952 The Work of Petronius Arbiter. *Lond.* 1714. *in-8.*

1953 Euphormionis Lufini five Barclaii Satyricon *Lugd. B. Elfev.* 1637. *in-12.*

1954 Barclaii Satiricon cum notis variorum. *Lugd. B.* 1674. *in-8.*

1955 Satyre d'Euphormion de Lufine. *Par.* 1625 2 *vol. in-8.*

1956 Eloge de la Folie d'Erafme par Gueudeville avec les fig. d'Holbein. *Amft.* 1931. *in-8.*

1957 Le même. *Par. in-12. fig.*

1958 Le même. 1751. *in 4. fig.*

1959 A Tale of a Tub. *Glafg.* 1754. *in-12. br.*

1960 Apologie pour Herodote par le Duchat. *la Haye.* 1735. 3 *vol. in-12.*

1961 Il Divortio Celefte. *Villafr.* 1666. 2 *vol in-12.*

1962

1962 C. Agrippa fur la Nobleffe &Excellence du Sexe Feminin
      par Gueudeville. *Leyde.* 1726. 3 *vol. in-12.*
1963 Le Jugement d'Amour. *Par. in-8. m. c.*
1964 Philofophie d'Amour de Leon Hebreu trad. par du Parc.
      Lyon, 1557. *in-8.*
1965 Lettres Douces pleines de defirs & imaginations d'Amour
      à Vranie. *Can.* 1590.... Paris e Viena innamoramenti
      delli nobeliffimi amanti Paris e Viena *Venet.* 1529. *in-8. fig.*
1966 Les triomphes de la noble & amoureufe Dame & l'Art
      de honnêtement aimer, par J. Bouchet. *Par.* 1541. *in-8.*
1967 Le Peregrin Dialogue traitant de l'Honnête & Pudique
      Amour par Daffy. *Lyon,* 1533, *in-4 Got. m. r.*
1968 Dialogue très-élégant intitulé le Peregrin traitant de l'Hon-
      nête & Pudiq. Amour, par Daffy. *Par.* 1535. *in-8. Gott.*
1969 Arefta Amorum. *Parif,* 1566. *in-8. v. t.*
1970 L'Amour à la mode Satyre Hiftoriq. par Mad. de Pringi
      1695. *in-12 d. f. t.*
1971 Les controverfes des Sexes Mafculin & Feminin, par Eft.
      de Vignal. *in-fol. Gott.*
1972 Tableau Hiftoriq. des rufes & fubtilités des Femmes. *Par.*
      1623. *in-8. v. f.*
1973 Bonus Mulier five de Mulieribus vel Uxoribus. *Lug. B.*
      1754. *in-12.*
1974 Hyppolytus Redivivus, id eft remedium contemnendi
      fexum Muliebrem. 1644. *in-12.*
1975 Le Champion des Femmes par de l'Efcale. *Par.* 1618. *in-12.*
1976 Les Privileges des Gens Mariés. 1721. *in-12.*
1977 De la Grandeur & de l'Excellence des Femmes au deffus
      des hommes par, Agrippa. *Par.* 1713. *in-12.*
1978 Difcours Amoureux faits à l'exaltation de l'honneur des
      Dames. *Par.* 1595. *in-8.*
1979 Hift de l'Amant réfufcité de la mort d'Amour par Theodofe
      Valentinien *Par.* 1680. *in-8. v, f. t. f.*

Sentences, Apophtegmes, bons Mots & Dialogues

1980 Plutarchi Apophtegmata Regum & Imperatorum &c. gr.
      lat. *Lond.* 1741. *in-4, C. M.*
1981 Les Apophtegmes des Anciens par Perrot d'Ablancourt.
      Par. 1664. *in-12.*
1982 Ducatiana ou Remarques de Duchat. *Amft.* 1737. 2
      vol. *in-12.*

M

1983 Menagiana ou les bons Mots de Menage . publié par la Monoye. *Par.* 1729. 4 *vol. in-*12.

1984 Poggiana ou les bons Mots de Pogge. *Amst.* 1620 2 *vol. in-*12.

1985 Def. Erafmi Colloquia *Amst. Elzev* 1736 *in-*12.

1985 * Erafmi Colloquia. *Amst. in-*24. m. r.

1986 Erafmi Colloquia cum notis varior. ex. edit. Schrevellio. *Lugd. Bat* 1655. *in-*8.

1987 Colloquia Menfalia D. Mart. Lutheri. *Franc.* 1571 2 *vol. in-*8. v. f.

1988 Dialogue Gritiq- & Philofophiq. par l'Abbé de Chartre- Livry *Lond.* 1935. *in-*12.

1989 La Circé de J. B. Gelli Mife en Franc. par du Parc. *Rouen*, 1551. *in-*8.

Emblêmes.

1990 Iconologie ou nouv. explication de plufieurs Images Em- blêmes &c. de Cef. Ripa, par Baudouin. *Par.*1698. *in-*4,

1991 Vander Kette Appelles Symbolicus. *Amst.* 1599. 2 *vol. in.*8. *fig.*

1992 Les Emblêmes d'Amours Divin & Humain. *Par. in.*12 *fig.*

1993 Les mêmes *Par. in-*12. *fig.*

1994 Omnia Andr. Alciati Emblemata. *Par.* 1618. *in-*8.

1995 Les Emblêmes d'Alciat. *Par.* 1541. *in* 12.

poligraphes.

1996 Luciani Opera omnia quæ extant gr. lat. ex verfione J. Be- nedicti cum not. varior. ex edit. Grævii. *Amst.* 1699. 2 *vol. in-*8.

1997 Luciani Opera Gr. & Lat. cum not. var. ex edit. Reit- zii *Amst. Traj.* ad R, 1743 & 1746. 4 *vol in-*4. C. M. f. v. t. f.

1998 Reitzii Index Verborum ac Phrafium Luciani five Lexicon Lucianeum. *Traj. ad Rhen.*1746. *in-*4.*m. r.*

1999 Reitzii Index Verborum ac Phrafium Luciani five Lexicon cianeum *Traj. ad R.* 1746. *in-*4. C. M.

2000 Dialogi di Luciano. *Veneg.*1521. *in.*8. m. r.

2001 The Works of Lucian tranflatid by Dryden *Lond.* 1711 3 *vol. in-*8.

2002 Angeli Politiani Opera omnia. *Venet. Aldus,* 1598. *in-fol.*

2003 Harduini Opera Selecta. *Amst.* 1719. *in-fol.*

2004 J. J. Pontani Opera omnia. *Venet. Aldus.* 1518. 3 vol. *in-8.*

2005 Hadriani Relandi Dissertationum Miscellanearum partes tres. *Traject. ad Rhen.* 1706. 3 vol. *in-12.*

2006 Essais de Montaigne avec les notes de Coste, *Lond.* 1725. 3 vol *in-4.*

2007 Buchanani Opera omnia curante Ruddimanno. *Lugd. B.* 1725. 2 vol. *in-4*

2008 Plinii Cæcilii secundi Opera. *Glassg.* 1751. 3 vol. *in-12* v. éc. tr. f.

2009 Oeuvres du P. Rapin. *La Haye.* 1725. 3 vol. *in-12.*

2010 Oeuvres de Cyrano de Bergerac. *Rotterd.* 1761. 3 vol. *in-12.*

2011 Oeuvres de Saint-Evremond. *Londres*, 3 vol. *in-4.* g. pap.

2012 Les mêmes. 1753. 12 vol. *in-12.*

2013 Oeuvres du P. Bayle. *La Haye.* 1727 & 1731. 4 vol. *in-fol.*

2014 Les mêmes. *Trevoux*, 1737. 4 vol. *in-fol.*

2015 Oeuvres de Mad. Durand. *Par.* 1737. 6 vol. *in-12*

2016 Oeuvres de Saint Réal. *Amst.* 1740 6 vol *in-12.*

2017 Les mêmes. *Par.* 1757. 8 vol. *in-12.*

2018 Oeuvres Poëtiq. de Simon Tyssot de Patot. *Amst.* 1728. 3 vol. *in-12.*

2019 Recueil de Pieces choisies, par de la Monoye. *La Haye.* 1714. 2 vol. *in-12*

2020 Traité Historiq. & Critiq. de l'Opinion, par le Gendre. *Par.* 1741. 7 vol. *in-12.*

2021 Portefeuille de Rousseau. *Amst.* 1751. 2 vol. *in-12.*

2022 Amusement de la Toilette. *La Haye.* 1756. 2 vol *in-12.*

2023 L'Abeille ou Recueil de Philosophie de Littérature & d'Histoire. *La Haye.* 1755. *in-8.*

2024 Mémoires Politiques, Amusans & Satyriques. *Verixop.* 1735. 3 vol. *in-12.*

2025 Recueil de différentes Pieces de Littérature. *Amsterd.* 1758. *in-8.*

2026 Opere di Pallavicino *Villafr.* 1666. 2 vol. *in-8.* m. r.

2027 Delle Opere di Firenzuola, *Firenz.* 1723. 3 vol. *in-8.* v. g.

2028 Tutte le Opere di G. Trissino. *Verona.* 1729. *in-fol.*

2029 Opera di Luigi Tansillo. *Venet.* 1738. *in-4.*

2030 Prose Florentine, raccolte dello Smarrito Academica della Crusca (C. Dati.) *Veneg.* 1755. 2 vol. *in-4.*

M iij

2031 Tre Discorsi di Ger. Ruscelli a L. Dolce. *Venes.* 1553. *in-4.*

2032 Opere Varie critiche di Lod. Caffel Vetro *Berna.* 1727. *in-4.*

2033 The Dunciad. variorum With The Prolegomena of Scriblerus. *Lond.* 1729. *in-4.*

2034 The Works of Adifon. *Lond.* 1722. 2 *vol. in-18.*

2035 The Works of Granville Lord Lansdowne *London,* 1736. 3 *vol. in-12.*

2036 The Works of Adifon. *Lond.* 1722. 2 *vol. in-12. br.*

2037 The Works of Farquhar *Lond.* 1742. 2 *vol. in-12. br.*

2038 The Works of Waller by Fenton *Glafg.* 1752. *in-12 br.*

2039 The Works of Waller. by Fenton *London.* 1729. *in-4. g. p.*

2040 works in Verse and Profe by Granville. *Lond.* 1736. 3 *vol. in-12. br.*

2041 The works of Alexander Pope. *Edim.* 1764. 6 *vol in-8. fig.*

2042 Œuvres Diverfes de Pope. *Amft.* 1758. 7 *vol. in-12.*

2043 English Micellanies, by Tompfon *Goting.* 1755 2 *vol. in-8.*

Epistolaires.

2044 Lettere di Plinio il giovane, tradotte dal. Tedefchi. *Roma.* 1717. *in-4. v f. tr. f.*

2045 Epiftolæ Obfcurorum Virorum. *Francof.* 1624 *in-8.*

2046 Epiftolæ Obfcurorum Virorum accefferunt, huic Editioni Epiftola Benedicti Paffavantii, & la Complainte de P. Lyzet fur le Trépas de fon feu Nez. *Lond.* 1710. *in-12.*

2047 Epiftolæ Obfcurorum Virorum. *Lond.* 1742. *in-12. v. f. t. f.*

2048 Fr. Philelfi Epiftolæ. *in-8.*

2049 Fr. Philelfi Epiftolarum Familiarium Libri XXXVII. *Venet. in-4. M. C.*

2050 Epiftolæ Clarorum Virorum. *Harling,* 1669. *in-8.*

2051 Bufbequii Epiftolæ. *Amft.* 1660. *in-12.*

2052 Cafauboni Epiftolæ curante Janfon., ab Almeloveen. *Rotterd.* 1709. *in-folio.*

2053 Libanii Epiftolæ Gr. & Lat. ex Edit.Wolfii. *Amftel.* 1738. *in-fol*

2054 Martini Epiftolarum Libri XII. *Amft.* 1738. 2 *volumes in-4.*

2055 Traité général du Style, avec un Traité particulier du Style Epiftolaire. *Amft.* 1756 *in-12.*

2056 Lettres Choisies de Balzac. *Leyde, Elzev.* 1652. *in*-24.

2057 Lettres Choisies de Simon Tyssot de Patot *La Haye.* 1727. 2 *vol. in*-12.

2058 Lettres Choisies de Guy Patin. *Par.* 1692 2 *vol. in*-12.

2059 Lettres Choisies du même *Rouerd.* 1725. 5 *vol. in*-10.

2060 Nouvelles Lettres du même, à Spon. *Amst.* 1718 2 *vol. in*-12.

2061 Lettres de Critiq. de Littérature, d'Histoire, par Cuper. *Amst.* 1755. *in*-4.

2061* Les Lettres de Fr. Rabelais *Brusselles Par.* 1710 *in*-12.

2062 Lettres Historiq. & Galantes, par Mad. du Noyer *Lond.* 1741 6 *vol. in*-12. *v. f.*

2063 Letres Nouvelles de Boursault. *Par.* 1738 3 *vol. in*-12.

2064 Lettres de Madame de Sévigné. *Par.* 1754. 6 *vol. in*-12.

2065 Lettres de la même *Par.* 1763. 8 *vol. in*-12.

2066 Lettres de Madame de Maintenon. *Glasg.* 1756. 7 *vol. in*-12.

2067 Letres Juives par le Marquis d'Argens. *La Haye.* 1764. 6 *vol. in*-12.

2068 Les mêmes. *La Haye.* 1764. 8 *vol. in*-12.

2069 Lettres Chinoises, par le même *La Haye.* 1759. 6 *vol. in*-12.

2070 Mémoires Secrets, par le même. *La Haye.* 1743. 6 *vol. in*-12.

2071 Lettres Morales & Critiques sur les différensEtats, par le même. *Amst.* 1748. *in*-12.

2072

2073 Lettres d'un François, par l'Abbé le Blanc. *La Haye.* 1745 3 *vol in*-12.

2074 Lettres de Ninon de l'Enclos. *Amst.* 1750. *in*-12.

2075 Lettres Choisies de Pope, par Genet. *Par.* 1753. *in*-12.

2076 Lettres Semi-Philosophiques. *Amst.* 1758. *in*-12.

2077 Original Lettres, by White Kennet. *Lond.* 1730. *in*-8.

HISTOIRE.

Introduction à l'Histoire.

2078 Les Elémens de l'Histoire, par Vallemont. *Par.* 1724. 5 *vol. in*-12.

2079 Principes de l'Histoire, pour l'Education de la Jeuneſſe, par Lenglet du Freſnoy. *Par.* 1737. 6 *vol. in-12.*

2080 Méthode pour Etudier l'Hiſt. par le même, avec le ſupplem. *Par.* 1729 5 *vol. in-4.*

2081 Lettres on the Study and Uſe of Hiſtory, by Viſcount Bolingbroke. *Lond.* 1752. 2 *vol. in-8.*

Géographes Anciens & Nouveaux.

2082 Phil. Cluverii Introductionis in Univerſam Geographiam, Libri VI. Acceſſit Bertii Breviarum Orbis Terrarum. *Amſt.* 1677. *in-12.*

2083. Cluverii Introductio in Univerſam Geographiam, cum notis la Martinière. *Amſt.* 1729. *in-4.*

2084 Dioniſii Geographia, emendata & locuplata addit. ſcil. Geographiæ Hodiernæ Græco Carmine pariter donatæ, cum XVI. Tabulis Geographicis, ab Wells. *Oxon.* 1704. *in-8.*

2085 Méthode pour Etudier la Géographie, par Lenglet du Freſnoy. *Par.* 1748 8 *vol. in-12.*

2086 Sanſon Geographia Sacra ex Veteri & Novo Teſtamento deſumpta. *Amſt.* 1764. *in-fol.*

2087 Cl. Ptolemæi Geographiæ, Libri VIII., ex Bilibaldi Pirckeymheri tralatione, ſed ad Græca & Priſca Exemplaria à Michaële Villanovano (Michaël Serveti), jam primum recogniti. *Lugd.* 1535. *in-fol. C. M.*

2088 Orbis Antiqui Tabulæ Geographicæ, ſecundum Ptolemæum. *Amſt.* 1730. *in-fol. C .M. v f.*

2089 Procli Diadoci Paraphraſis in Ptolemæi Libros IV. Allatio è Græco in Latinum converſa *Lugd. B. Elzev.* 1635. *in-8.*

2090 Pomponii Melæ de ſitu Orbis, Libri III, cum notis Gronovii. *Lugd: B.* 1722. *in-8.*

2091 Atlas de Sanſon. *Amſt. in-fol. gr. p.*

2092 Atlas de de Liſle. *in-fol.*

2093 Atlas Hiſtorique de Gueudeville. *Amſt.* 6 *tom.* 3 *vol.*

2093* Atlas Méthodique & Elémentaire de Géographie & de l'Hiſt. par M. Buy de Mornas. *Par.* 3 *vol. in-fol.*

2094 Le même. *Par.* 3 *vol. in-fol. gr. p.*

2095 Etrenn-s Geographiques. *Par.* 1760 *in-12. m. r. à ferm.* d'argent.

2095* Vetera Romanorum Itineraria ſive Antonini Auguſtini Itinerarium curante Weſſelingio. *Amſt.* 1735. *in-4. C. M.*

2096 L'Hydrographie Françoife, par Bellin. *in-fol. gr. p. m. r. d. de Tab.*

2097 Neptune François, ou Recueil des Cartes Marines, par le même. *Par.* 1753 *in-fol. m. r. d. de Tab.*

2098 Dictionnaire Géographique Univerfel de Baudrand, corrigé & augmenté par Maty. *Amft.* 1701. *in-4.*

2099 Diction. Historique & Géographique, par Bruzen la Martiniere. *La Haye.*, 1726. 10 *vol. in-fol.*

2100 Le même Dictionnaire. *La Haye*, 1726. 10 *vol. in-fol. gr. pap.*

2101 Le même Dictionnaire. *Dijon*, 1739. 6 *vol. in-fol*

2102 Dictionnaire des Poftes, par Guyot *Paris*, 1754. *in-4.*

2103 Cofmography Containing, the Chorographi and Hiftory, by Heylin. *Lond.* 1674. *in-fol.*

2104 Theatrum Terræ Santæ & Biblicarum Hiftoriarum cum tabulis Geographicis ære expreffis aut Delpho *Colon.* 1513. *in-fol.*

Voyages.

2105 Le Curieux Antiquaire, ou recueil Géographiq. & Hiftoriq. des chofes les plus remarquables de l'Univers, par Berkenmeyer. *Leide.* 1729. 3 *vol. in-8.*

2106 Mémoir. Inftructifs pour un Voyageur. *Amft.* 1758. 2 *vol. in-12.*

2107 Remarq. d'un Voyageur. *La Haye.* 1728. *in-12.*

2108 Voyage au tour du Monde, par Dampier. *Amft.* 1711. 5 *vol in-12.*

2109 Voyage au tour du Monde, par Rogers. *Amft.* 1716. 2 *vol. in-12. fig.*

2110 N. Voyage au tour du Monde, Par le Gentil *Amft.* 1728. 2 *vol. in-12.*

2111 Voyages de la Motraye en Europe, Afie & Afrique. *La Haye*, 1727 3 *vol. in-fol.*

2112 Les mêmes. *La Haye.* 1727. 3 *vol. in-fol. Gr. p.*

2113 Les Voyages de Villamont. *Rouen*, 1607. *in-12.*

2114 Di Viaggi di Pietro della Valle. *Roma.* 1633. 3 *vol. in-4.*

2115 Voyages de Mandeflo & Olearius en Mofcovie, Tartarie & Perfe. *Amft.* 1727. 2 *vol. in-folio.*

2116. Voyages de Tavernier. *Amft.* 1679, 3 *vel. in-8.*

2117 Voyages Hiftoriq. de l'Europe. *Amft.* 1718, 8 *vol. in-12*

2118 Voyages dé Genes & Venife, par Marot. *Par. in-12. m. r.*

2119 N. Voyage d'Italie, par Misson. *La Haye.* 1702. 4 vol. in-12

2120 Journal du Voyage d'Italie fait par l'Abbé Pougny. *Mss. in-fol.*

2121 Voyage d'Italie, par M. Cochin. *Par.* 1758. 2 vol. in-12.

2122 Voyage de Dellon. *Cologne.* 1719. 3 vol. in-12.

2123 Some Observations Made in Travelling Through France, Italy &c. by Edward Wright. *Lond.* 1730. 2 vol. in-4.

2124 Voyage du P. Labat en Espagne & Italie. *Par.* 1730. 8 vol. in-12.

2125 Relation du Voyage d'Espagne, par Mad. Daunoy. *La Haye.* 1915. in-12.

2126 Lettres sur le Voyage d'Espagne *Pampl.*. 1756. in-12.

2127 Voyage Historiq. & Politiq. de Suisse, d'Italie & d'Allemagne. *Francf.* 1746. 2 vol. in-12.

2128 Journal d'un Voyage au Nord, par Outhier. *Par.* 1644. in-4.

2129 Voyages and Discoveries Digested in a Chronological Series, by Barrow. *Lond.* 1745. 3 vol. in-12.

2130 Voyage de Corn. Le Brun par la Moscovie en Perse & aux Indes Orientales. *Amst.* 1713. 3 vol. in-fol.

2131 Relation d'un Voyage du Levant, par Pitton de Tournefort. *Amst.* 1718. 2 vol. in-4.

2132 Mémoir. & Aventures Secretes & Curieuses d'un Voyage du Levant, par Saumery, *Liege.* 1762. 2 vol. in-12. v. f.

2133 Voyage d'Alep à Jérusalem, par Maundrell. *Par.* 1706. in-12.

2134 Saintes Pérégrinations de Jérusalem & autres Saints Lieux, par Nicole le Huen. *Lyon.* 1488. in-fol. gott. m. c.

2135 Voyage de Dalmatie, de Grece & du Levant, par Wheler. *Amst.* 1689. 2 vol. in-12.

2136 Mémoir. du Chev. d'Arvieux, par le P. Labat. *Par.* 1730. 6 vol. in-12.

2137 Voyages de J. Ovington en Asie & Afrique. *Par.* 1725. 2 vol in-12

2138 Voyages faits principalement en Asie dans les 12e. 13e. 14e. & 15e siecles, par Bergeron. *La Haye,* 1657. 2 vol. in-4. fig.

2139 Voyage de Syrie & du Mont-Liban, par de la Roque. *Par.* 1722. 2 vol. in-12.

2140 Voyage de Madagascar, par Carpeau du Soussay. *Par.* 1722. in-12.

2141 Journal du Voyage du Chev. Chardin en Perse & aux Indes Orientales. *Lond.* 1686. in-fol.

2142 Journal d'un Voyage fait aux Indes Orientales par du Quesne. *La Haye*, 1721. 3 *vol. in-12.*

2143 Nouv. Voyage de Guinée, trad. de l'Angl. de Smith. *Par.* 1751. 3 *vol. in-12.*

2144 Hist. d'un Voyage fait en la terre du Bresil, autrement dite Amérique, par de Lery. *Par.* 1580. *in-8. v. f.*

2145 Nouv. Relation de l'Afrique Occidentale, par le P. Labat *Par.* 1728. 5 *vol. in-12.*

2146 Recueil de Voyages dans l'Amériq. Méridionale, par Coreal. *Amst.* 1738. 3 *vol. in-12.*

2147 Voyages Historiq. de l'Amérique Méridionale, par d'Ulloa, trad. de l'Espagn. *Amst.* 1752. 2 *vol. in-4.*

2148 Nouvelle relation contenant les Voyages de T. Gage. *Amst.* 1694. 2 *vol. in-12.*

2149 Voyages de Crespel dans le Canada. *Francf.* 1642. *in-12.*

2150 Voyage de la Louisiane, par Laval. *Par.* 1728. *in-4.*

2151 Relation d'un Voyage de la Mer du Sud, par Froger. *Amst.* 1715. *in-12.*

2152 Relation Abrégée d'un Voyage fait dans l'intérieur de l'Amérique Méridionale, par la Condamine. *Par.* 1645. *in-8. m. v.*

2153 Journal du Voyage à l'Equateur, par le même. *Par.* 1751. 2 *vol. in-4.*

2154 Hist. des Navigations aux Terres Australes. *Par.* 1756. 2 *vol. in-4.*

2155 Voyage & Aventures de Leguat. *Lond.* 1721. 2 *vol. in-12.*

2156 Collectiones Peregrinationum in Indiam Orientalem & in Indiam Occidentalem XVIII. partibus comprehensæ cum figuris Fratrum de Bry & Meriani. *Francof.* 1590. *& seq.* 7 *vol. in-fol. m. r.*

2157 Recueil des Voyages qui ont servi à l'établissement de la Compagnie des Indes Orientales. *Rouen*, 1725. 12 *vol. in-12.*

2158 Relation des Voyages par Thevenot. *Par.* 1663. 2 *vol. in-folio.*

2159 Les mêmes. *Amst.* 1727. 5 *vol. in-12.*

Voyages Imaginaires.

2160 Klimii Iter subterraneum. *Hafn.* 1745. *in-8.*
2161 Travels by Gulliver. *Edinb.* 1752. *in-12.*

N

2162 Voyages de Gulliver , par l'Abbé Desfontaines. *La Haye,*
    1727. 2 *vol. in-12.*
2163 Avantures de le Beau. *Amst.* 1738. 2 *vol. in-12.*
2164 Voyage & Avantures de Massé. *Colog.* 1710. *in-12.*
2165 Histoire de l'Expédition de trois vaisseaux aux Terres Au-
    strales en 1721. *La Haye,* 1739. 2 *vol. in-12.*

Histoire Chronologique & Universelle.

2166 Libri Chronicarum. *Norimb.* 1473. *in-fol. fig enlumin.*
2167 Tables Historiques, Chronologiq. & Généalogiques, par le
    Rou. *in-fol. gr. p.*
2168 Marshami Chronicus Canon Ægyptiacus Ebraicus Græcus
    & disquisitiones. *Lond.* 1673. *in-fol.*
2169 L'Arbre des Batailles. *Par.* 1505. *in-8. v. f.*
2170 Maan de veris Annis D. N. J. Christ. Natali & Emortuali
    dissertationes duæ Chronologicæ. *Lond.* 1752. *in-8. br.*
2171 De Kalendario & Cyclo Cæsaris Dissertationes duæ. *Romæ,*
    1703. *in-fol.*
2172 La Chronologie des anciens Royaumes , par Newton.
    Par. 1728. *in-4.*
2173 Tablettes Chronologiq. de l'Abbé Lenglet. *Par.* 1729. *in-fol.*
2174 Mémorial de Chronolog. & Historiq. par l'Abbé d'Estré.
    Par. 1752. 4 *vol. in-24. v. e. d. f. t.*
2175 Luitprandi Opera que extant Chronicon & adversaria.
    Amv. 1640. *in-fol.*
2176 Hist. entiere Deduit depuis le Déluge jusques au temps
    présent, par Sleidan. *Par.* 1561. *in-fol. m. v.*
2177 L'Antiquité des tems , par Pezron. *Par.* 1687. *in-4.*
2178 L'Antiquité des tems rétablie & défendue , par le même.
    Par. 1690. *in-12.*
2179 L'Art de Vérifier les Dates , par les Religieux Bénédic-
    tins. *Par.* 1750. *in-4. gr. p.*
2180 Discours du Temps de l'An & ses parties. *Lyon,* 1566.
    in-12. m. v.
2181 Mémoires Chronologiques & Dogmatiques pour servir à
    l'Hist. Ecclésiast. par le P. d'Avrigny. *Par.* 1720. 4 *vol. in-12.*
2182 Hist. du Diable. *Amst.* 1730. 2 *vol. in-12.*
2183 Introduct. à l'Hist. Universelle, par Thienpont. *Bruxell.*
    1736. 2 *vol. in-4. v. f.*
2184 Justini Historiæ Philippicæ , cum not. varior. accu-
    rante Thysio. *Amst.* 1659. *in-8.*

2185 Ejufdem Juftini ex recenfione Grævii & not. *Lugd. Bat.*
1683. *in-8.*

2185 * Ejufdem Juftini Hiftoriarum. *Amft.* 1722. *in-24.*

2186 Abrégé de l'Hiftoire Univerfelle, par le Clerc. *Amft.* 1730.
in-12.

2187 Difcours fur l'Hiftoire Univerfelle, par Boffuet. *Amft.*
1684. 3 *vol. in-12.*

2187 * Le même. *Par.* 1765. 2 *vol. in-12.*

2188 Hiftoire Univerfelle, par Hardion. *Paris*, 1756. 12 *vol.*
in-12.

2189 Hiftoire Univerfelle de M. de Voltaire. *Dreſde*, 1754.
3 *tom.* 2 *vol. in-12.*

2190 Mémoires pour fervir à l'Hiftoire Univerfelle de l'Europe,
par le P. d'Avrigny. *Par.* 1724. 4 *vol. in-12.*

2191 Introduction à l'Hift. Générale & Politique de l'Univers,
par Puffendorf, augmentée par de la Martiniere. *Amft.* 1743.
11 *vol. in-12.*

2192 Hift. Générale du douzieme fiecle, par de Marigny. *Par.*
1750. 5 *vol. in-12.*

2193 Mercure de Vittorio Siri, contenant l'Hiftoire Générale
de l'Europe depuis 1640 jufqu'en 1655, trad. par Réquier.
Par. 1756. 18 *vol. in-12.*

2194 Le même. *Par.* 1757. 3 *vol. in-4.*

2195 Hiftoire du Monde, par Chevreau. *Par.* 1617. 6 *vol.*
in-12.

2196 Giro del Mondo del Genielli Careri. *Napol.* 1700. 7 *vol.*
in-8.

2197 Delle Hiftorie del Mondo di Tarchagnota. *Venet.* 1680.
5 *vol. in-4.*

2198 Hiftoire Univerfelle d'une Société des gens de Lettres,
trad. de l'Angl. *Amft.* 1742. 22 *vol. in-4.*

2199 Théâtre Hiftoriq. par Gueudeville. *Leyde*, 1703. 5 tom.
en 3 *vol. in-fol. gr. p.*

2200 L'Efpion dans les Cours, par Marana. *Colog.* 1756. 9 *vol.*
in-12.

2201 Lettres & Mémoires du Baron de Pollnits. *Lond.* 1747. 5
vol. in-12.

2202 Mémoires pour fervir à l'Hift. du XVII. fiecle, par Bregy.
Amft. 1768. 3 *vol. in-12.*

2203 Mémoires de ce qui s'eft paffé de plus confidérable fur la
mer depuis 1688 jufqu'à 1697. *Lond.* 1739. *in-12.*

2204 Mémoires pour servir à l'Hist. du XVIII. siecle, par de Lamberty. *La Haye*, 1724. 14 *vol. in-4.*

2205 Les mêmes. 14 *vol. in-4. gr. p.*

2206 L'Europe Vivante & Mourante. *Brux.* 1759. *in-24.*

2207 Mercure de France depuis Janvier 1717, jusqu'en 1765. *Par.* 1717 & suiv. 234 *vol. in-12.*

2208 Almanach Royal depuis 1700 jusqu'en 1760. 60 *vol. in-8.*

Histoire Ecclésiastique.

2209 Saliani Annales veteris Testamenti. *Parif.* 1641. 6 *vol. in-folio.*

2210 Hist. de l'Ancien & du Nouv. Testament & des Juifs, par Calmet. *Par.* 1719. 2 *vol. in-4.*

2211 The Old and New Testament connected in the History of the Jews, by Prideaux. *Lond.* 1718. 2 *vol. in-fol.*

2212 Hist. du Peuple de Dieu, tirée des Livres de l'Ancien Testament, avec le Supplément, par le P. Berruyer. *Paris*, 1728. 8 *vol. in-4.*

2213 Hist. du Peuple de Dieu, tiré des Livres du Nouv. Testament. *Par.* 1755. 8 *vol. in-12.*

2214 La même Hist. *Par.* 1755. 4 *vol. in-4.*

2215 Euf. Pamphili Ecclesiasticæ Historiæ Libri X. Gr. & Lat. &c. ex versione Valesii. *Par.* 1678. 2 *vol. in-fol.*

2216 Eusebii, Socratis, Sozomeni, Theodoreti & Evagrii Hist. Ecclesiast. Gr. & Lat. cum notis Valesii nova edit. per Reading adornata. *Cant.* 1720. 3 *vol. in-fol.*

2217 Historia Ecclesiast. Eusebii Cæsariensis. 1633. *in-8. v. f. tr. f.*

2218 Baronii Annales Ecclesiastici. *Antv.* 1670. 12 *vol. in-fol.*

2219 Spondani Epitome Annalium Baronii. *Parif.* 1622. 2 *vol. in-fol.*

2220 Hist. de l'Eglise, par Cousin. *Par.* 1675. 4 *vol. in-4.*

2221 Mém. pour servir à l'Histoire Ecclésiastique par Tillemont. *Par.* 1701. 22 *vol. in-4.*

2222 Histoire de l'Eglise, par Godeau. *Amst.* 1680. 6 *vol. in-12.*

2223 Histoire Ecclésiastique, par Fleury. *Par.* 1713. & suiv. 36 *vol. in-12.*

2224 La même. *Par.* 1696. 36 *vol. in-4.*

2225 Abrégé de l'Histoire Ecclésiastique, par Racine. *Cologne*, 1752. 13 *vol. in-12.*

2226 Histoire de l'Eglise , par Choisy. *Par.* 1740. 11 *vol. in-4.*

2227 Histoire de l'Eglise , par Basnage. *Rotterd.* 1699. *in-fol.*

2228 Anecdotes Ecclésiastiq. tirées de Giannone. *Amst.* 1752. *in-8.*

2229 Histoire des Eglises des Vallées de Piémont ou Vaudoises , par Leger. *Leyde ,* 1669. *in-fol.*

2229 * Histoire de l'Abbaye & des Miracles de N. D. de Montserrat , par Olivier. *Lyon ,* 1617. *in-8. fig.*

2230 Histoire de l'Eglise Gallicane , par Longueval. *Par.* 1730. 18 *vol. in-4.*

2231 Histoire de l'Abbaye Royale de S. Denis, par Félibien. *Par.* 1706. *in-fol.*

2232 Histoire de l'Abbaye de S. Germain-des-Prez , par Bouillard. *Par.* 1706. *in-fol. fig.*

2233 Maan Sancta & Metropolitana Ecclesia Turonensis , sacrorum Pontificum suorum ornata & virtutibus *Aug. Turon.* 1667. *in-fol.*

2234 Hist. de l'Eglise Abbatiale & Collégiale de S. Etienne de Dijon. *Dijon ,* 1696. *in-fol.*

2235 Annales de l'Eglise Cathédrale de Noyon, par Vasseur. *Par.* 1633. *in-4.*

2236 Hist. de l'Eglise de Meaux , avec des notes , par Toussaint Duplessis. *Par.* 1731. 2 *vol. in-4.*

2237 Hist. Ecclésiastique de la Ville de Toul , par Benoît. *Toul,* 1707. *in-4.*

2238 Journal de l'Abbé Dorsanne. *Rome ,* 1753. 2 *vol. in-4.*

2239 Hist. des Evêques de Metz, par Meurisse. *Metz.* 1634. *in-fol.*

2240 Histoire Ecclésiastique d'Allemagne. *Brux.* 1724. 2 *vol. in-12. fig.*

2241 Thuringia Sacra sive Historia Monasteriorum quæ olim in Thuringia floruerunt. *Francof.* 1737. *in-fol.*

2242 Batavi Sacra sive res Gestæ Apostolicorum virorum. *Brux.* 1714. *in-fol.*

2243 Sanderi Brabantia Sacra. *Haga Comitum.* 1726. 3 *vol. in-folio.*

2244 Raderi Bavaria Sancta & Pia cum figuris. Raphaël Sadeler. 1615. *in-fol.*

2245 Van-Gestel Historia Sacra & Profana Archiepiscopatus Mechliniensis. *Haga Comitum.* 1725. *in-fol.*

2246 Altare Damascenum , seù Ecclesiæ Anglicanæ politica, Ecclesiæ Scoticanæ obtrusa, stud. & Opera Calderwood. *Lugd. B.* 1708. *in-4.*

2247 La Religion Ancienne & Moderne des Moscovites. *Holl.*
1799. *in-12. fig.*

2248 Mich. le Quin. Oriens Christianus. *Paris.* 1748. 3 *vol.*
in-fol. C. M. v. f.

2249 Ecclesiæ Græcæ Monumenta : Cotelerius edidit. & non
illustravit. *Paris.* 1676. 4 *vol. in-4.*

2250 Morini Antiquitates Ecclesiæ Orientalis. *Londini.* 1782.
in-8.

2251 Joh. à Lent Schediasma Historico Philologicum de Ju-
dæorum Pseudomessiis. *Herborn.* 1697. *in-4.*

2252 Histoire du Christianisme d'Ethiopie & d'Arménie, par de
Lacroze. *La Haye,* 1739. *in-12.*

2253 Hist. de l'Eglise du Japon, par Crasset. *Par.* 1715. 2 *vol.*
in-4.

2254 De Libatio Africanæ Historiæ Ecclesiasticæ, sive Optati
Melevitani Libri VII. cum annot. Bulduini. *Paris.* 1569. *in-8.*

2255 Les Cimétiéres sacrés, par de Sponde. *Rouen,* 1599.
in-12.

Histoires des Conciles.

2256 Hist. du Concile de Pise, par Lenfant. *Amst.* 1724. 2 *vol.*
in-4. gr. p. v. f.

2257 Hist. de la guerre des Hussites ou du Concile de Basle,
par le même. *Amst.* 1731. 2 *vol. in-4. gr. p. v. f.*

2258 Hist. du Concile de Constance, par le même. *Amst.* 1727.
2 *vol. in-4. gr. p. f. v.*

2259 Istoria del Concilio di Trento scritta del Palavicino. *In*
Roma, 3 *vol. in-4.*

2260 Hist. du Concile de Trente de Fra-Paolo Sarpi, trad. par
Amelot de la Houssaye. *Amst.* 1696. *in-4. m. r. d. de m. r.*

2261 Istoria del Concilio Tridentino da Fra-Paolo Sarpi di
P. F. le Courayer. *Lond.* 1757. 2 *vol. in-4.*

2262 La même, avec les notes du P. Courayer. *Lond.* 1736. 2
vol. in-fol.

2263 La même. *Amst.* 1736. 2 *vol. in-4.*

Histoire des Papes & Cardinaux.

2264 Hist. des Papes, par Bruys. *La Haye,* 1731. 5 *vol. in-4.*

2265 Du Moulinet, Hist. Summ. Pontificum à Martino V. ad Innocentium II. per earum Numismata ab an. 1517. ad an. 1678. *Lutet.* 1617. *in fol. C. M.*

2266 Blondellus de Joanna Papissa. *Amst.* 1658.... Traité de la la Papesse Jeanne contre l'éclaircissement donné par Blondel & Cognard. *Saumur.* 1655. *in-12.*

2267 Fr. Spanhemii de Papa fæmina inter Leonem IV. & Benedictum III. disquisitio Histor. *Lugd. Bat.* 1691. *in-12.*

2268 Vita di Sisto V. Pontifice Romano in novamente scritta da Leti. *Amst.* 1732. 3 *vol. in-12. v. f. tr. f.*

2269 La Vie du Pape Sixte V., par le même. *Par.* 1752. 2 *vol. in-12.*

2270 Burmanni Vita Hadriani VI. *Traj. ad Rhen.* 1727. *in-4.*

2271 Vie du Pape Alexandre VI. & de son fils César Borgia, trad. par Gordon. *Amst.* 1732. 2 *vol. in-12.*

2272 Histoire du Syndicat d'Edmond Richer, par Richer. *Avig.* 1753. *in-8.*

2273 Il Nipotismo di Roma overo relatione. 1667. 2 *vol. in-12.*

2274 Hist. des Conclaves depuis Clément V. jusqu'à présent. *Colog.* 1703. 2 *vol. in-12. fig.*

2275 Origine de la grandeur de la Cour de Rome, & de la nomination aux Evêchés & aux Abbayes, par Vertot. *Lauf.* 1745. *in-12.*

2276 Tableau de la Cour de Rome, par Aymon. *La Haye,* 1727. *in-12. v. f.*

2277 L'Etat du Siége de Rome. *Colog.* 1707. *in-12.*

2278 Lettres, Anecdotes & Mémoires Historiq. du Nonce Visconti, par Aymon. *Amst.* 1717. 2 *vol. in-12.*

2279 La Vie du Cardinal Commendon, par Fléchier. *Par.* 1671. *in-4.*

2280 Hist. du Cardinal Alberoni. *La Haye,* 1719. *in-12.*

2281 La Vie du Cardinal Bellarmin, par Frizon. *Brux.* 1718. *in-4.*

Histoire des Ordres Monastiques & Religieux

2282 Histoire du Clergé Séculier & Régulier. *Amst.* 1667. 4 *vol. in-8. fig.*

2283 De gli habiti delle Religioni con le Armi e breve descrittion loro Opera di Fialetti. *Venet.* 1626. *in-8.*

2284 Abrégé de l'Histoire de l'Ordre de S. Benoît, par la Congrégation de S. Maur. *Par.* 1684. 2 *vol. in-4.*

2284 * Les Moines empruntés, par Haitze. *Colog.* 1696. *in-12.*

2285 Hist. des Hommes illustres de l'Ordre de S. Dominique, par le P. Touron. *Par.* 1743. 6 *vol. in-4.*

2286 La Guerre Séraphique. *La Haye,* 1740. *in-12.*

2287 Les Conformités de S. François, avec les Figures de Picart. *Amst.* 1734.... La Legende dorée. *Amst.* 1734. 3 *vol. in-12. m. r.*

2288 Historiæ Societatis Jesu, Autore Nicolao Orlandino. *Roma,* 1615. *in-fol.*

2289 Recueil de Pieces touchant l'Hist. de la Compagnie de Jesu, par le P. Jouvenci. *Liege,* 1716. *in-12.*

2290 Histoire de D. Inigo de Guipuscoa. *La Haye,* 1738. 2 *vol. in-12.*

2291 Hist. des Jésuites. *Soleure,* 1740. 4 *vol. in-12.*

Histoire des Ordres Militaires.

3291 * Historia della Sacra Religione Militari di S. Giovanni Gerosolimitano detta di Malta del Bartol. dal Pazzo. *Venet.* 1703. 2 *vol. in-4. v. f. tr. f.*

2292 Breve particolare istruzione del Sacro ordine Militari di Malta, composta dal Zondari. *Parigi,* 1721 *in-8.*

2292 * Hist. de Malthe, par l'Abbé de Vertot, 1726. 4 *vol. in-4. v. f.*

2293 La même Hist. *Par.* 1726. 4 *in-4. gr. p.*

2294 Hist. de tous les Ordres Militaires ou de Chevalerie, par Schoonebeek. *Amst.* 1699. 2 *vol. in-8.*

2295 Hist. des Religions ou Ordres Militaires de l'Eglise & des Ordres de Chevalerie, par Hermant. *Rouen,* 1698. *in-12.*

2296 Recherches de l'Ordre du Saint-Esprit. *Par.* 1710. 2 *vol. in-12.*

2297 Le Secret des Francs-Maçons. *Par.* 1744. *in-12.*

2298 Vrais Maçons écrasés, trad. du Latin. *Amst.* 1747. *in-12. fig.*

Vies des Saints, &c.

2299 Les Vies des Saints. *Par.* 1734. 2 *vol. in-4.*

2300 Vies des Saints, par Baillet. *Par.* 1739. 10 *vol. in-4.*

2301 Les Vies des Saints Peres des Déserts, par Arn. d'Andilly. *Par.* 1638. 3 *vol. in-8.*

2302 La Vie de S. Bernard, premier Abbé de Clairvaux & Pere de l'Eglise. *Par.* 1648. *in-4.*

2304 La Vie de S. Jean Chrysostôme. *Par.* 1664. *in-4.*

2305 La Vie de S. Athanase , par Hermant. *Par.* 1671. 2 *v. in-4.*

2306 La Vie de Dom Barthelemy des Martyrs. *Par.* 1669. *in-8.*

2306 * La Vie de S. Thomas d'Aquin , par le P. Touron. *Par.* 1740. *in-4.*

2307 La Vie de S. Ignace ; par le P. Bouhours. *par. Cramoisy.* 1673. *in-4.*

2307 * Vie de S. Stanislas Koska , en Chinois. *in-4.*

2308 Vie de Saint-Louis de Gonzague , en Chinois. *in-4.*

2309 Les Vies des SS. Peres des Déserts d'Occident. *Par.* 1757. 5 *vol. in-12.*

2310 Les mêmes. *Par.* 1647. 2 *vol. in-4. m. r.*

Histoire des Hérésies.

2311 Dictionn. Chronologique , Historique & Critique sur l'origine de l'Idolâtrie des Sectes Samaritains, &c. par Pinchinat. *Par.* 1736. *in-4.*

2312 Hist. Critiq. de Dogmes & de Cultes , par Jurieu. *Amst.* 1704. *in-4.*

2313 Cérémonies & Coutumes Religieuses de tous les peuples du Monde représentées par des Figures de Picart. *Amst.* 1723. 9 *vol....* Les Superstitions anciennes & modernes représentées par des fig. par le même. *Amst.* 1737. 2 *vol.* en tout 11 *vol. in-fol.*

2314 Les mêmes. *Amst.* 1723. 11 *vol. in-fol. gr. p.*

2315 Mémoires pour servir à l'Hist. de la Fête des Foux , par du Tilliot. *Lauf.* 1741. *in-4.*

2316 Œuvres de Mainbourg. *Par.* 1682. 14 *vol. in-4.*

2317 Les mêmes. *Par.* 1686 & suiv. 26 *vol. in-12.*

2318 Les mêmes. *Holl.* 1627. 26 *tom. en* 20 *vol. in-12.*

2319 Hist. des Albigeois & des Vaudois ou Barbets , par Benoît. *par.* 1691. 2 *vol. in-12.*

2320 Hist. des Révolutions & Regnes , par Varillas. *Par.* 1686. 22 *vol. in-4.*

2321 Hist. de l'Edit de Nantes. *Delft.*, 1693. 5 *vol. in-4.*

2322 Traités contre le Paganisme du Roi-boit , par des Lyons, *Par.* 1670. *in-12.*

2323 Hist. du Fanatisme de nôtre tems, par de Brueys. *Utrecht.* 1737. 3 *vol. in-12.*

2324 The Hiſtory of the English Baptiſts, by Croſby. *Lond.*1738.
     4 vol. *in-8.*
2325 A. Limborch Hiſt. Inquiſitionis. *Amſt.* 1692. *in-fol. fig.*

Hiſtoire prophane ancienne des Juifs, des Aſſyriens, &c.

2326 Joſephi Opera Gr. & Lat. ex edit. Havercampi. *Amſt.*
     1726. 2 vol. *in-fol.*
2327 Ejuſdem Joſephi Opera Gr. & Lat. *Amſt.* 1726. 2 vol.
     in-fol. C. M. velin.
2328 Hiſt. des Juifs, par Arnaud d'Andilly. *Par.* 1700. 2 vol.
     in-4.
2329 Hiſt. de Flavius Joſeph, trad. par le même. *Brux.* 1675.
     5 vol. *in-8.*
2330 Hiſt. des Juifs & des Peuples voiſins, par Prideaux. *Amſt.*
     1728. 6 vol. *in-12.*
2331 La même. *Amſt.* 1744. 2 vol *in-4.*
2332 Hiſt. du Monde, Sacrée & Prophane du Shuckfort, trad.
     par Bernard. *Leyde,* 1738. 2 vol. *in-12, v. f. tr. f.*
2333 Hiſt. du Peuple Hebreu. *Liége.* 1724. 3 vol. *in-12.*
2334 La Monarchie des Hebreux, par de S. Philippe, trad.
     par Beaumarchais. *La Haye,* 1727. 4 vol, *in-12.*
2335 Réflexions Critiques des anciens peuples, par Fourmont.
     Par. 1735. *in-4.*

Hiſtoire Grecque.

2336 Pauſaniæ Deſcriptio Græciæ Gr. & Lat. cum annot. Xy-
     landri & Sylburgii. *Annoviæ,* 1613. *in-fol,*
2337 Pauſaniæ Deſcriptio Græciæ Gr. & Lat. cum annot. Xy-
     landri, Sylburgii & Kuknii. *Lipſiæ,* 1696. *in-fol.*
2338 Pauſanias, ou Voyage Hiſtorique de la Grece, trad. en
     Franç, avec des Remarq. par Gédoyn. *Par.* 1731. 2 vol. *in-4.*
2339 Le même. *Par.* 1731. 2 vol. *in-4. gr. p.*
2340 Hiſtoire de Thucydide, par Perrot d'Ablancourt. *Amſt.*
     1713. 3 vol. *in-12.*
2341 La même Hiſtoire. *Par.* 1714. 3 vol. *in-12. v. f.*
2342 Dionyſii Halicarnaſſei de Thucydidis Hiſtoria Judicium
     And. Bononio interprete. *Venet. Ald.* 1560. *in-4.*
2343 Herodoti Hiſtoria Gr. & Lat. ex edition. Gronovii. *Lug.*
     Bat. 1715. *in-fol.*
2344 Xenophontis Opera Gr. Lat. ex interpretatione Leuclavii.
     Pariſ. 1625. *in-f.l.*

2345 Xenophontis de Cyri expeditione Libri VII. Gr. Lat. ex edit. Hutchinson. Oxonia, 1745. in-8.

2346 La Retraite des Dix mille de Xénophon, par Perrot, Par. 1648. in-8. m. r.

2347 Hist. de Cyrus le jeune & de la Retraite des Dix mille, par Pagi. Amst. 1736. in-12.

2348 Adriani expeditiones Alexandri Libri VII. Opera Gronovii. Lugd. Bat. 1704. in-fol.

2349 Quinti Curtii de rebus Gestis Alexandri magni. Argent. 1518. in-fol.

2350 Idem. Venet. Aldus. 1520. in-8.

2351 Idem. Par. Colinæus. 1543. in-12. m. r.

2352 Idem cum not. varior. ex recensione Pitisci. Hag. Com. 1708, in-8.

2353 Idem. Lugd. Bat. Elzev. 1633. in-12.

2354 Idem. Amst. Elzev. 1670. in-24.

2355 Idem cum variantibus lectionibus Commentariis ac notis Snakenburgii. Lug. Bat. 1724. 2. vol. in-4. m. r.

2356 Idem cum Supplement. Frinshemii. Hag. Com. 1727. 2 vol. in-12.

2357 Quinte-Curce, par de Vaugelas. Par. 1702. 2 vol. in-12.

2358 Hist. des Sept Sages, par de Larrey. Rott. 1713. 2 vol. in-8.

Histoire Romaine.

2359 Dionysii Helicarnassei Opera Gr. Lat. stud. Sylburgii. Francof. Wechel. 1586. in-fol.

2360 Titi-Livii Historiarum Libri ex recensione Heinsiana. Lugd. Bat. Elzev. 1634. 4 vol. in-12. vel.

2361 Ejusd. Historiarum ex recensione Gronovii. Lugd. Bat. Elzev. 1654. 3 vol. in-12.

2362 Ejusd. Historiarum cum perpetuis Gronovii & variorum notis. Amst. 1665. 3 vol. in-8.

2363 Ejusd. Historiarum interpret. & notis Dujatii ad usum Delphini. Paris. 1679. 6 vol. in-4.

2363*L. Annæus Florus: Cl. Salmasius addidit Lucium Ampelium. Lugd. Bat. Elzev. 1638. Florus Germanicus, sive Everwassenbergii Commentariorum de bello. Hamburgi 1621. in-12.

2364 Ejusdem Flori ex recensione Blankard. & cum Observationib. Salmasii. Lugd. Bat. 1648. in-8.

2365 Ejusdem Flori cum notis variorum ex recensione Grævii. Amst. 1702. 2 vol. in-8.

2365* Ejusdem Flori cum not. & observat. J. J. Pontani. Hag. C. 1686. in-24. m. à. d.

2366 Velleius Paterculus. Lugd. Bat. Elzev. 1654. in-12.

2367 Ejusdem Vellei Paterculi cum interpretatione & notis Rigues in usum Seren. Delphini. Par. 1675. in-4.

2368 Eutropii Historiæ Romanæ cum notis & Emendation. Annæ Tanaquilli ad usum Delphini. Lond. 1716. in-8.

2369 Eutropii Breviarium Historiæ Romanæ cum variorum notis ex recensione Havercampi. Lugd. Bat. 1729. in-8.

2370 Abrégé de l'Hist. Romaine, par Eutrope, trad. par Lezeau. Par. 1717. in-12.

2371 Sexti Aurelii Victoris Hist. Rom. cum notis variorum ex edition. Sam. Pitisci. Ultrajett. 1696. in-8.

2372 Sexti Aurelii Victoris Historia Romana cum Schotti & aliorum notis. Lugd. Bat. 1670. in-8.

2373 Sexti Aurelii Victoris cum notis variorum curante Arntzenio. Amst. 1733. in-4.

2374 Hist. de Polybe, trad. par Thuillier, avec un Comment. des notes Critiq. & Historiq. par Folard. Par. 1727. 6 vol. in-4.

2374* La même Hist. Par. 1728. 6 vol. in-4. gr. p.

2375 Abrégé des Commentaires de Folard. Par. 1754. 3 vol. in-4.

2376 L'Esprit du Cheval. Folard. Par. 1760. in-8.

2376* Mémoires Militaires sur les Grecs & les Romains, par Guichard. La Haye. 1758. in-4. fig.

2377 Apiani Alexandri Romanarum Historiarum Libri Gr. Lat. cum variorum notis ex edit. Tollii. Amst. 1670. 2 v. in-8.

2378 C. Crispi Sallustii Conjuratio Catilinæ & bellum Jugurthinum. Venet. 1471. in-4. vel.

2379 Eadem cum notis variorum ex edit. Havercampi. Amst. 1742. 2 vol. in-4. C. M. m. r.

2380 C. J. Cæsaris Opera. Lugd. Bat. Elzev. 1634. in-12.

2381 Ejusd. C. J. Cæsaris emendat. Scaligeri. Amst. 1628. in-24. m. n. h. v. r.

2382 Ejusd. Cæsaris cum notis variorum ex edition. Vossii. Amst. 1697. in-8.

2383 Ejusd. C. Julius Cæsaris cum notis variorum ex edit. Oudendorpii. Lugd. Bat. 1737. in-4.

2384 Ejusd. Julius Cæsaris ex edit. Oudendorpii. Lugd. Bat. 1742. 2 vol. in-4. C. M.

2385 Ejufd. Julii Cæfaris. *Glafg.* 1750. *in-4.*

2386 Ejufd. J. Cæfaris ex edit. Davifii. *Cantab.* 1729. *in-4.*

2387 Ejufd. J. Cæfaris quæ exftant. *Francof.* 1606. *in-4.*

2388 Les Commentaires de Céfar, trad. de Perrot d'Ablancourt. *Par.* 1694. 2 *vol. in-*12.

2289 Les Commentaires de Céfar. *Amft.* 1763. 2 *vol. in-*12.

2389* Commentarii di Caio Givlio Cefare, tradotti per Agoft. Ortica. *Venet.* 1619. *in-8.*

2390 Hiftoire de Cicéron tirée de fes Ecrits & des Monumens. *Par.* 1749. 4 *vol. in-*12.

2391 Cornel. Taciti Opera. *Venet. Aldus.* 1538. *in-8.*

2392 Idem cum notis Grotii. *Lugd. Bat. Elzev.* 1640. 2 *vol. in-*12.

2393 Idem ex recenfione Theod. Ryckii. *Lugd. Bat.* 1687. 2 *vol. in-*12.

2394 Tacite avec les not. Politiq. par de la Houffaie. *Amft.* 1731. 10 *vol. in-*12.

2395 Difcours Hiftoriq. Critiq. & Politiq. fur Tacite par Gordon. *Amft.* 1742. 2 *vol. in-*12. *m. v*

2396 C. Suetonius Tranquillus cum annot. diverforum. *Amft.* 1630. *in-*24. *m. r. l. v. r.*

2397 Caius Suetonius Tranquillus. *Par. E typ. Reg. in-*12.

2398 C. Suetonii Opera cum notis Burmanni. *Amft.* 2 *vol. in-4.*

2399 Hiftoire des Empereurs, par Tillemont. 1999. 6 *vol. in-4. m. r.*

2400 Caffii Dionis Hiftoriæ Romanæ cum annotationibus Fabricii. *Hamburgi.* 1750. 2 *vol. in-fol. v. f. tr. f.*

2401 Hiftoire de Dion Caffius de Nicée. *Par.* 1674. 2 *vol. in-*12.

2402 Hift. d'Ammian Marcellin depuis l'an de N. Seigneur 354. jufques en 378. *Par.* 1672. 3 *vol. in-*12.

2403 Mémoires de la Cour d'Augufte, par Feutry. *Par.* 1754. *in-*12. *v. ec. tr. f.*

2404 Hiftoire de Philippe Augufte. *Par.* 1702. 2 *vol. in-*12.

2405 Hiftoire de Théodofe le Grand, par Fléchier. *Par.* 1729. *in-*12.

2406 Hiftoire de Céfar Germanicus, par de Beaufort. *Leyde.* 1741. *in-*12.

2407 Difcours fur le Barreau d'Athenes & de Rome, par le Moine d'Orgival. *Par.* 1755. 2 *vol. in-*12.

2408 Annales de l'Empire depuis Charlemagne; par M. de Voltaire. *Bafle.* 1753. 2 *vol. in-*12.

2409 La République Romaine, par Beaufort. *La Haye.* 1766. 2 *vol. in-4.*

2410 Histoire du Bas-Empire, en commencant à Constantin le Grand, par M. le Beau. *Par.* 1757. 10 *vol. in-12.*

2411 Plutarchi Vitæ Illustrium & Opera Moralia Gr. Lat. cum notis Rualdi. *Parif.* 1624. 2 *vol. in-fol. C. M.*

2412 Eæd. Plutarchi Vitæ parallelæ Gr. & Lat. cum variantibus lection. & notis ex recent. Bryani. *Lond.* 1729. 5 *vol. in-4. C. M. v. f. d. f. tr.*

2413 Vies des Hommes illustres de Plutarque, trad. par Jacq. Amyot, avec la Vie d'Annibal & Scipion, trad. par de l'Eclufe. *Par Vafcofan.* 1567-1574. 13. *tomes* 12 *vol...* Décade, contenant les Vies de X Empereurs, &c. par Allegre, &c. *Par.* 1599. 1 *vol.* en tout 14 *tom.* en 13 *vol. in-8. m. r. lav. r.*

2414 Les Vies des Hommes Illustres de Plutarque. trad. par Dacier. *Par.* 1722. 9 *vol. in-4. v. f. d. f. t.*

2415 Histoire de Scipion l'Africain. pour fervir de fuite aux Hommes Illustres de Plutarque, par Seran de Latour. *Par.* 1738. *in-12.*

2416 Cornelii Nepotis Vitæ excell. Imperat. cum notis Courtin ad ufum Delphini. *Par.* 1675. *in-4.*

2417 Gesta Dei per Francos, five Orientalium expeditionum & regni Francorum Hierofolymitani Scriptores varii, editi per Bongarfium. *Hanoviæ.* 1711. 2 *vol. in-fol.*

2418 Histoire de Constantinople depuis le regne de l'ancien Juftin, par Coufin. *Holl.* 1685. 10 *vol. in-12.*

2419 Le même. *Par.* 1672. 8 *vol. in-4.*

Histoire d'Italie.

2420 Hist. des Guerres d'Italie par Guichardin. *Lond.* 1738. 3 *vol. in-4.*

2421 La même Hist. *Lond.* 1738. 3 *vol. in-4. gr. p. v. f.*

2422 Annali d'Italia di Muratori. *Milano.* 1749. 5 *vol. in-4.*

2423 Rome Ancienne & Moderne, par Defeine. *Leyde* 1713. 8 *vol. in* 12.

2424 Ritratto di Roma Moderna. *Roma.* 1588. *in-8.*

2425 The Prefent ftate of the Court of Rome *Lond.* 1706. *in-8.*

2426 Libro di Pyrrho ligori delle Antichita di Roma. *Venet.* 1553. *in-8. v. f.*

2427 Le Pitture Antiche di Roma del Bellori. *In Roma.* 1606, *in-fol.*

2428 Hist. de Nicol. Rienzy, Sénateur de Rome, par de Bois-preaux. *Par.* 1743. *in-12*

2429 Dell'Historia di Napoli di Summonte. *Napoli* 1695. 4 *vol. in-4.*

2429* Istoria Civile del regno di Napoli di Gianone. *Haia,* 1753. 4 *vol. in-4.*

2430 Hist. Civile de Naples, par le même. *La Haye,* 1742. 4 *vol. in-4.*

2431 Histoire de la Révolution du Royaume de Naples, par Mad. de Lussan. *Par.* 1757. 4 *vol. in-12.*

2432 Historia Siciliana raccolta per Buonfiglio. *Vener.* 1604. *in-4.*

2433 La Vie de Don Pedro Giron, Duc d'Ossone, trad. par Leti. *Amst.* 1701. 3 *vol. in-12.*

2434 Lettere Polemiche contro il Sig. Giacomo Piccenino Ministro in Soglio, del R. P. Don Benedetto Bachini. *Altorf.* 1738. *in-4.*

2435 Guesnay Annales Massilienses. *Lugd.* 1647. *in-fol.*

2436 Hist. du Gouvernement de Venise, par Amelot de la Houssaye.. *Amst-* 1714. 3 *vol. in-12.*

2437 La Ville & la République de Venise, par de S. Disdier. *Amst. Elzev.* 1780. *in-12.*

2438 Histoire de la République de Venise, par Nani. *Cologne,* 1682. 2 *vol. in 12. fig.*

2439 Vincentini Urbis Venetiarum Prospectus celebriores. *Venet.* 1742. *in-fol. obl. m. r.*

2440 Panvinii Antiquitatum Veronensium Libri VIII. *Veron.* 1648. *in-fol.*

2441 Verona illustrata contiene l'Istoria delle Citta è insieme dell'Antica Venezia. *Verona,* 1732. *in-fol. C. M.*

2442 Journal Historique du Siege de Turin. *Amst.* 1708. *in-12.*

2443 Histoire des Révolutions de Gênes. *Paris,* 1752. 3 *vol. in-12.*

2444 Histoire de la République de Gênes. *Holl.* 1688. 3 *vol. in-12.*

2445 Hist. de l'Isle de Corse. *Nancy,* 1749. *in-12.*

2446 Hist. des Révolutions de l'Isle de Corse. *La Haye,* 1738. 2 *tom.* 1 *vol. in-12.*

HISTOIRE DE FRANCE.

Topographie de la France.

2447 Idée Géographique & Hiſtoriq. de la France. *Par.* 1757. 2 *vol. in-*12.

2448 Deſcription de la France, par l'Abbé de Longuerue. *Par.* 1722. *in-fol. fig.*

2449 Les Délices de la France. *Leyde.* 1728. 3 *vol. in-*8.

2450 Dictionnaire de la France. *Par.* 1726. 3 *vol. in-fol.*

2451 Le Royaume de France & les Etats de Lorraine, par Doiſy. *Par.* 1753. *in-*4.

2452 Les Riviéres de France ou Deſcription Géographique & Hiſtoriq du Cours & Débordement des Riviéres de France, par Coulon. *Par.* 1644. 2 *vol. in-*8.

Hiſtoire Générale de la France.

2452 * Hiſt. des Celtes, par Pelloutier. *La Haye*, 1711. *in-*12.

2453 Illuſtrations de Gaule & Singularités de Troye, par J. le Maire de Belges. *Par.* 1578.... Le Traité de la différence des Sciſmes & de Conciles de l'Égliſe, par le même. *Par.* 1533. *in-*4.

2453 *Hiſt. Critiq. de l'Etabliſſemant de la Monarchie Françoiſe dans les Gaules, par l'Abbé Dubos. *Par.* 1734. 3 *vol. in-*4. *gr. p.*

2454 Hiſt. de l'Origine & des Progrès de la Monarchie Françoiſe, par Marcel. *Par.* 1686. 4 *vol. in-*12.

2454* Molinæi de Monarchia Francorum Tractatus. 1610... Fulmen brutum Papæ Sixti V. adverſ. Henricum Borbonium Principem Condæum (Ant. Hottomanno) *Edit. anni* 1603. *in-*8.

2455 Annales de la Monarchie Françoiſe, par Limiers. *Amſt.* 1724. *in-fol. gr. p.*

2455* Bibliotheque Hiſtoriq. par le Long. *Par.* 1719. *in-fol.*

2456 Recueil des Hiſtoriens des Gaules & de la France, par Dom Mart. Bouquet. *Par.* 1738. 10 *vol. in-fol. gr. p. v. f. tr. ſ.*

2456 * Oblatio Salis ſive Gallia lege Salis condita tractatus Salis naturam, ſtudio d'Aviſſoni. *Par.* 1641. *in-*12.

2457 Antiquités de la Gaule Belgique, par de Waſſebourg. 1549. *in-fol. m. r.*

2457 * L'Art de fixer dans la mémoire les faits les plus remarquables

quables des l'Histoire de France. *Par.* 1745. *in-12.*

2458 Hist. des Gaules & des Conquêtes des Gaulois, par Dom
Martin. *Par.* 1754. 2 *vol. in-4.*

2458* Hist. des Révolutions de France, par de la Hode. *La Haye.*
1738. 4 *vol. in-12.*

2459 Histoire de France, par l'Abbé le Gendre. *Par.* 1718. 3
vol. in-fol.

2459 * Hist. de France par de Mezeray. *Par. Guillemot.* 1643. 3
tom. 6 *vol. in-fol. v. f. d. s. t.*

2460 Abrégé Chronologiq ou Extrait de l'Histoire de France
par le même. *Par. Billaine.* 1668. 3 *vol. in-4.*

2460* Hist. de France par le même. *Amst.* 1740. 4 *vol. in-4.*
d. s. t.

2461 La même. *Amst.* 1755 *& suiv.* 14 *vol. in-12.*

2461* Histoire de France, par Chalons. *Par.* 1720. 3 *vol. in-12.*

2462 Histoire de France, par le P. Daniel. *Par.* 1722. 7 *vol.*
in-4. gr. p.

2463 Recüil des Mémoires & Instructions pour l'Hist. de France.
Par. 1626. *in-4.*

2464 Abrégé Chronologiq. de l'Hist. de France, avec le Sup-
plément, par M. Henault. *Par.* 1749. 2 *vol. in-4. gr. p.*

Histoire particuliere de France.

2465 Joan. Jac. Chisletii Anastasis Childerici I. *Antv.* 1655.
in-4.

2466 Hist. du Regne de Charlemagne, par de la Bruere. *Par.*
1745. 2 *vol. in-12.*

2467 De Formulæ regnante Christo in veterum monumentis
usu, Aut. Blondello. *Amst.*

2468 Hist. de Suger, Abbé de S. Denis. *Par.* 1721. 3 *vol in-12.*

2468 * Histoire de S. Louis, par Joinville. *Par.* 1761. *in-fol.*

2469 Histoire du différend d'entre le Pape Boniface VIII. &
Philippe-le-Bel. *Par.* 1655. *in-fol.*

2470 Hist. des démêlés du Pape Boniface VIII. avec Philippe-le-
Bel, par Baillet, 1718. *in-8.*

2471 Mémoires contenant la Vie de Bertrand du Guesclin. *Par.*
1699. *in-4.*

2472 Histoire Chronique, par Froissart. *Par.* 1674. *in-fol.*

2473 Histoire de Charles VI. par le Laboureur. *Par.* 1663. 2
vol. in-fol. gr. p.

2474 Hist. des Rois Charles VI. Charles VII. & Charles VIII.

par Godefroy. *Par. l'Impr. Royale.* 1653 & fuiv. 3 *vol. in-fol.*

2475 Hift. & Regne de Charles VI. par Mad. de Luffan. *Par.* 1753. 9 *vol. in-12.*

2476 Mémoires pour fervir à l'Hift. de France & de Bourgogne fous les Regnes de Charles VI & VII. par de Salles. *Par.* 1729. *in-4.*

2477 Œuvres de Alain Chartier, par Duchefne. *Par.* 1617. *in-4.*

2478 Mémoires de Philippe de Comines. *Leide, Elzev.* 1648. *in-12.*

2478 * Mémoires de Philippe de Comines par Godefroy. *Brux.* 1723. 5 *vol. in-8.*

2479 Les mêmes. *Par.* 1747. 4 *vol. in-4 gr. p. br.*

2480 Hiftoire de Louis XI, par Matthieu. *Par.* 1620. *in-4.*

2481 La même, par Duclos. *Par.* 1745. 3 *vol. in-12.*

2482 Hift. du regne de Louis XI. par Mad. de Luffan. *Paris,* 1755. 6 *vol. in-12.*

2483 Le Vergier d'Honneur, de l'Entreprife & Voyage de Naples du Roi Charles VIII. par And. de la Vigne. *Par. in-fol. fig. gott.*

2484 Hift. du Chev. Bayard. *Par.* 1702. *in-12.*

2485 Lettres du Roi Louis XII. du Card. d'Amboife. *Brux.* 1712. 4 *vol. in-12.*

2486 Vie du Cardinal d'Amboife, par le Gendre. *Rouen.* 1726. 2 *vol. in-12.*

2487 Hiftoire contenant les plus mémorables faits advenus en l'an 1587, tant en l'Armée commandée par le Duc de Guife, qu'en celle des Huguenots, conduite par le Duc de Bouillon. *Par.* 1588. *in-12. v. f.*

2488 Hift. de la Ligue faite à Cambray, par Dubos. *La Haye,* 1710. 2 *vol. in-12.*

2489 Mémoires de Fr. de Boyvin, Baron de Villars fur les Guerres de Piémont. *Lyon,* 1610. 2 *vol. in-8.*

2489 * Mémoires de la Vie de Franç. de Scepeaux Sire de Vielleville, par Carloix. *Par.* 1757. 5 *vol. in-8.*

2490 Difcours Merveilleux de la Vie, Actions & Déportemens de Catherine de Médicis. *Par.* 1649. *in-12.*

2491 Mémoires de Condé. *La Haye,* 1743. 6 *vol in-4.*

2492 Les mêmes. *La Haye.* 1743. 6 *vol. in-4. v. f. tr. f. gr p.*

2493 La Legende de Charl. Card. de Lorraine & de fes Freres de la Maifon de Guife, par Franc. de l'Ifle. *Rheims,* 1576. *in-8.*

2494 Mémoires de Castelnau , par le Laboureur. *Brux.* 1731. 3
vol. in-fol.

2495 Les mêmes. *Brux.* 1731. 3 *vol. in-fol. gr. p.*

2496 Légende de Domp Claude de Guyse , par Regnaud , Juge
Mage de Cluny. 1581. *in-8.*

2497 Mémoires d'Etat de France sous Charles IX. *Meidelb.*
1578. 3 *vol. in-8.*

2498 Mémoires d'Etat de Villeroy *Sedan*. 1625. 4 *vol. in-8.*

2499 La Vie de Gaspard de Coligny , Amiral de France. *Colog.*
1686. *in-8.*

2500 Mémoires de Brantôme. *La Haye* , 1740. 15 *vol. in-12.*

2501 Le Tocsin contre les Massacreurs. *Rheims* , 1572. *in-8. m r.*

2502 Le Cabinet du Roi de France , dans lequel il y a trois
Perles précieuses d'inestimable valeur , par Fromenteau.
1581. *in-8. m. r.*

2503 Papæ Sixti V. Fulmen Brutum adverf. Henricum Regem
Navarræ & Henricum Principem Condæum (Aut. Hottoma-
no) *Edit. an.* 1603. *in-8.*

2504 Les Lettres de Paul de Foix. *Par.* 1628. *in-4.*

2505 Moyens d'Abus & Nullités du Rescrit & Bulle du Pape
Sixte V. contre Henri Roi de Navarre. *Colog.* 1686. *in-8.*

2506 J. Boucher , de Justa Henrici III. abdicatione è Franco-
rum regno Libri IV. *Par.* 1589. *in-8. m. r.*

2507 Recueil de divers Piéces servant à l'Hist. de Henri III.
avec la Confession de M. de Sancy , &c. par le Baron de Fe-
noste. *Colog.* 1663. *in-12.*

2508 Recueil de diverses Pièces servant à l'Hist. de Henri III.
Cologne , 1699. 2 *vol. in-12.*

2509 Les Cartons du Journal de Henri III. *in-8. v. f.*

2510 Vie de Louis Balbe-Berton de Crillon , surnommé le
Brave. *Par.* 1757. 2 *vol. in-12.*

2511 Satyre Menippée de la vertu du Catholicon d'Espagne &
de la tenue des Etats de Paris. *Ratisbonne* , 1722. 3 *vol. in-8.*

2512 Sermons de la simulée Conversion de H. de Bourbon, par
Jean Boucher. *Par.* 1594. *in-8.*

2512* Lettres de N. S. P. le Pape Grégoire XIII. exhortatoires
& Monitoires aux Princes , Ducs , Marquis , Comtes & au-
tres grands Seigneurs & Nobles du Royaume de France sui-
vans le parti de Henri de Bourbon , jadis Roi de Navarre.
Brux. 1591. *in-12. br.*

P ij

2513 Mémoires de Marguerite de Valois, Reine de France. La Haye, 1715. 2 vol. in-12.

2514 Hist. des Guerres Civiles de France, trad. de Davila, par l'Abbé Mallet. Amst. 1758. 3 vol. in-4.

2515 J. N. Thuani Historiarum sui temporis. Lond. 1733. 7 vol. in-fol.

2516 Hist. Universelle de de Thou. Lond. 1734. 16 vol. in-4.

2517 La même Hist. Lond. 1734. 16 vol. in-4. gr. p. v. e. tr. f.

2518 Mémoires pour servir à l'Hist. de France, par P. de l'Etoille. Coleg. 1719. 2 vol. in-8.

2519 Mémoires ou Œconomies Royales d'Etat, Domestiques Politiq. & Militaires de Henri le Grand, par le Duc de Sully. Amst. 1662. 4 tom. en 2 vol. in-fol.

2520 Les mêmes, avec des Remarq. de P. M. de l'Ecluse Desloges. Par. 1767. 8 vol. in-12.

2521 Lettres du Card. d'Ossat, par Amelot de la Houssaye. Amst. 1732. 5 vol. in-12.

2522 Recueil de plusieurs Pieces servant à l'Hist. Moderne. Cologne, 1663. in-12.

1523 Hist. de Henri le Grand, par Perefixe. Amst. Elzev. 1661. in-12.

2524 Lettres d'Henri IV. par le Fevre. Amst. 1733. in-8.

2525 Apologie de Jehan Chastel, par de Verone (J. Bouch.) 1695. in-12. m. r.

2526 Histoire des Amours d'Henri IV. Par. 1754. in-12.

2527 Les Négociations du Président Jeannin. Par. 1656. in-fol.

2528 La Vie du Duc d'Epernon, par Girard. Par. 1730. 4 vol. in-12.

2529 Lettres & Ambassade de Canaye, Seign. du Fresne. Par. 1645. 3 vol. in-fol.

2530 Journal du regne de Henri IV. par Pierre de l'Etoile. La Haye, 1741. 4 vol. in-8. v. f.

2531 Philippiques contre les Bulles & autres pratiques de la faction d'Espagne pour Henri le Grand. Tours, 1592. in-8.

2532 Les Mémoires du Duc de Nevers, par de Gomberville. Par. 1665. 2 vol. in-fol. gr. p.

2533 Hist. de Henri de la Tour d'Auvergne, Duc de Bouillon, par Marsollier. Par. 1719. in-4.

2534 Recueil des Pieces pendant le Regne du Connestable de Luyne. 1628. in-8.

2535 Le Tableau de la Régence de Blanche Marie de Medicis
par Florentin. *Poict.* 1615. *in-8.*

2536 Histoire de la Mere & du Fils, par Mezeray. *Amsterd.*
1730. *in-4.*

2537 Mémoires concernant les affaires de France sous la Ré-
gence de Marie de Medicis. *La Haye*, 1720. 2 *vol. in-12.*

2538 Mémoires particuliers pour servir à l'Hist. de France sous
les regnes d'Henri III, de Henri IV. & Louis XIII. *Paris*,
1756. 3 *vol. in-12.*

2539 Mémoires du Duc de Rohan. 1647. *in-12.*

2540 Mémoires de Philippe de Mornay. *Amst.* 1628 & 1651.
4 *vol. in-4.*

2541 Histoire des Diables de Loudun. (par Aubin.) *Amst.*
1693. *in-12.*

2542 Hist. de l'Entrée de la Reine mere du Roi Très-Chrétien
dans la Grande-Bretagne, par de la Serre. *Lond.* 1639. *in-fol.*
fig.

2543 Mémoires de Montchal. *Rotterd.* 1718. 2 *vol. in-12.*

2544 Vie du Cardinal de Richelieu. *Cologne.* 1696. 2 *vol.*
in-12.

2545 Testament Politique du Cardinal de Richelieu. *Par.* 1764.
2 *vol. in-8.*

2546 Hist. de Louis XIII. par le Vassor. *Amst.* 1757. 7 *vol.*
in-4.

2547 Les Avantures du Bar. de Fœneste, par Agrippa d'Aubi-
gné. *Colog.* 1729. *in-8.*

2548 Diverses Piéces pour la Défense de la Reine Mere, par
Matthieu Morgues. *in-fol.*

2549 Mémoires de la Rochefoucault. *Colog.* (*Holl. Elzev.*)
1664. *in-12.*

2550 Mémoires Secrets de la Cour de France pendant la Mino-
rité de Louis XIV. *Amst.* 1733. 3 *vol. in-12.*

2551 Mercure François, ou Suite de l'Histoire de la Paix com-
mencée en 1605 & finissant en 1644, par J. Richer. *Par.*
1611 & suiv. 25 *vol. in-8.*

2552 Lettres du Card. Mazarin. *Amst.* 1693. *in-12.*

2553 Jugement de tout ce qui a été imprimé contre le Cardi-
nal Mazarin, par Naudé. (718. pag.) *Par. in-4. gr. p.*

2554 Mémoires du Card. de Retz & de Joly. *Amst.* 1731. 7
vol. in-12.

2555 Mémoires & la Vie de Cl. de l'Etouf, Chev. Baron de
 Sirot. *Par.* 1683. *vol. in-*12.

2557 Mémoires de feu le Duc d'Orléans. *Amst.* 1685. *in-*12.

2558 Mémoires d'un Favori du Duc d'Orléans. *Leyde*, 1668.
 *in-*12.

2559 Hist. des Démêlés de la Cour de France avec la Cour de
 Rome, par Desmarais. 1707. *in-*4.

2560 Mémoires de Bussy Rabutin. *Par.* 1696. 3 *vol. in-*12.

2561 Mémoires de Clermont, Marq. de Montglat. *Amst.* 1728.
 4 *vol. in-*12.

2562 Mémoires de Rob. Arnauld d'Andilly. *Hamb.* 1734. *in-*12.

2563 Hist. de Mad. Henriette. *Amst.* 1742. *in-*12.

2564 Mémoires de Puysegur. *Par.* 1747. 2 *vol. in-*12.

2565 Mémoires de d'Artagnan. *Colog.* 1702. 3 *vol. in-*12.

2566 Hist. du Vicomte de Turenne, par de Ramsay. *Par.* 1735.
 2 *vol. in-*4. *gr. p.*

2567 Mémoires des deux dernieres Campagnes de M. de Tu-
 renne en Allemagne. *Par.* 1756. *in-*12.

2568 Lettres, Mémoires & Négociations du Comte d'Estrades.
 Lond. 1743. 9 *vol. in-*12.

2569 Histoire du Traité de Paix de Nimegue, par Courchetet.
 Par. 1754. 2 *vol. in-*12.

2570 Mémoires de Torcy pour servir à l'Histoire des Négocia-
 tions depuis le Traité de Ryswyck jusqu'à la Paix d'Utrecht.
 Lond. 1757. 3 *vol. in-*12.

2571 Hist. des Négociations & du Traité de Paix des Pyrénées.
 Par. 1701. 2 *vol. in-*12.

2572 Hist. de Louis de Bourbon Prince de Condé, par Coste.
 La Haye, 1748. 2 *tom.* en 1 *vol. in-*4.

2573 Mémoires du Comte de Forbin. *Amst.* 1730. 2 *vol. in-*12.

2574 Mémoires de Feuquiere. *Lond.* 1736. *in-*4.

2575 Mémoires de M. de la Colonie. *Brux.* 1737. 2 *vol. in-*12.

2576 Hist. Militaire de Louis XIV. par Quincy. *Par.* 1726. 7
 *vol. in-*4. *gr. p. v. f.*

2477 Mémoires pour servir à l'Hist. de Mad. de Maintenon, &
 à celle du siécle passé, par La Beaumelle. *Amst.* 1756. 15 *vol.*
 *in-*12.

2578 Lettres de Louis XIV. au Comte de Briord. *La Haye*,
 1728. *in-*12.

2579 Hist. de Louis XIV. par Limiers. *Amst.* 1720. 3 *vol. in-*4.

2580 Histoire du même, par de Larrey. *Rotterd.* 1733. 9 *vol.*
 *in-*12.

2581 Hist. du Regne de Louis XIV. par Reboulet. *Avign.* 1744.
3 *vol. in-4.*

2581 * Hist. de la Vie & Regne de Louis XIV. enrichie de Médailles, par M. de la Martiniére. *La Haye,* 1740. 5 *vol. in-4.*

2782 La même Hist. 5 *vol. in-4. gr. p. br.*

2583 Le Siécle de Louis XIV. par de Francheville. *Berlin.* 1752.
2 *vol. in-12.*

2584 La même, par le même. *Leipsich.* 1754. 4 *vol. in-12.*

2585 Hist. Militaire du Duc de Luxembourg, par de Beaurain.
La Haye, 1756. 5 *tom. en* 1 *vol. in-4.*

2586 Annales Politiques d'Irenée Castel de S. Pierre. *Lond.*
1757. 2 *vol. in-8.*

2587 Vie de Philippe d'Orléans. *Lond.* 1736. 2 *vol. in-12. fig.*

2588 Campagnes du Maréchal de Villars de 1713, par Gayot de
Pitaval. *Par.* 1715. *in-12.*

2589 Mémoir. de la Regence. *La Haye,* 1729. 3 *vol. in-12. fig.*

2590 Histoire du Systême des Finances. *La Haye,* 1739. 3 *vol.*
in-12.

2391 Mémoires de M. de Bourdeaux. *Amst.* 1756. 4 *vol. in-12.*

2592 Mémoires de Villars. *La Haye,* 1758. 3 *vol. in-12.*

2593 Mémoires de du Guay-Trouin, Lieutenant-Général des
Armées Navales. *Amst.* 1746. *in-4. fig.*

2594 Lettres & Négociations de Vanhoey, Ambassadeur à la
Cour de France. *Lond.* 1743. *in-12.*

2595 Mémoires de l'Abbé de Montgon. 1750. 6 *vol. in-12.*

2596 Description des Fêtes données par la Ville à l'occasion du
Mariage de Mad. Louise de France avec Dom Philippe. *Par.*
1740. *in-fol. v. à. dent.*

2597 Représentation des Fêtes données par la Ville de Strasbourg, inventé & dirigé par Weis. *in-fol. gr. p.*

2598 Journal Historique de l'Armée du Roi en 1746. *La Haye,*
1747. *en-8.*

2599 Campagne de l'Armée du Roi en 1747. *La Haye,* 1757.
in-12.

2600 Hist. du Comte de Saxe. *Mittaw,* 1752. 3 *vol. in-12.*

Histoire des provinces de France, &c.

2601 Description de la Ville de Paris, par la Caille. *Par.* 1714.
in-fol.

2602 Description de Paris, de Versailles, de Marly, Saint-

Cloud , de Fontainebleau, &c. par Piganiol de la Force. *Par.*
1742. 8 *vol. in-*12. *fig.*

2603 Defcription de Verfailles & de Marly, par le même. *Par.*
1713. 2 *vol. in-*12.

2604 Délices de Fontainebleau, par Guilbert. *P.* 1731. 2 *v. in-*12.

2605 Plan de Paris, levé & gravé par les ordres de M. Turgot.
1740. *in-fol. m. r.*

2606 Differtations fur l'Hift. Eccléfiaftiq. & Civile de Paris,
par le Beuf. *Par.* 1739. 2 *vol. in-*12.

2607 Mémorial de Paris & de fes environs, par Antonini. *Par.*
1749. 2 *vol. in-*12.

2608 Les Antiquités de la Ville de Corbeil, par de la Bare.
Par. 1647. *in-*4.

2609 Hift. de la Ville de Soiffons, par Dormay. *Soiffons,* 1663.
2 *vol. in-*4.

2610 Hift. de la Ville & des Seigneurs de Coucy, par Touffaint
du Pleffis. *Par.* 1728. *in-*4.

2611 Mémoires des Pays de Beauvais & Beauvoifis, par l'Oifel.
Par. 1617. *in-*4.

2612 Duchefne , Hiftoriæ Normannorum. *Par.* 1619. *in-fol.*

2613 Les Trophées des Normands, par Dumoulin. *Par.* 1658.
in-fol.

2614 Hiftoire de Bretagne , par d'Argentré. *Par.* 1618. *in-fol.*

2615 Hiftoire Eccléfiaftique & Civile de Bretagne , par D.
Morice. *Par.* 1750. 5 *vol. in-fol.*

2616 Hift. Critiq. de l'Etabliffement des Bretons dans les Gau-
les , par de Vertot. *Par.* 1720. 2 *vol. in-*12.

2617 Hift. des Comtes de Poitou, par Befly. *Pay.* 1637. *in-fol.*

2618 Hiftoire de Rochefort, par le P. Théodore. *Blois,* 1733. *in-*4.

2619 Annales d'Aquitaine. *Par.* 1537. *in-fol. gott.*

2620 Hiftoire de Bearn , par Marca. *Par.* 1640. *in-fol.*

2621 Hift. Générale de Languedoc , avec des Notes & des Pié-
ces juftificatives , par les PP. de Vic & Jof. Vaiffette. *Par.*
1730 & fuiv. 5 *vol. in-fol. m. r.*

2622 Hift. des Comtes de Touloufe, par Catel. *Touloufe.* 1623.
in-fol.

2623 Annales de Touloufe , par la Faille, avec les Vignettes
de le Clerc. *Toul.* 1687. 2 *vol. in-fol.*

2624 Hift. & Chronique de Provence, par Cefar de Noftrada-
mus. Lyon. 1614. *in-fol.*

2625 Mémoires concern. l'Hift. Eccléfiaftiq. & Civile d'Au-
xerre,

xerre, par l'Abbé le Beuf. *Par.* 1743. 2 vol. *in-4.*

2627 L'Illuftre Orbandale, ou l'Hiftoire ancienne de Châlons. *Lyon,* 1662. 2 vol. *in-4.*

2628 Mémoires Hiftoriq. de la Province de Champagne, par Baugier. *Châalons,* 1721. 2 vol. *in-8.*

Hiftoire de Lorraine & d'Alface.

2629 La Vie de Charles V. Duc Lorraine. *Amft.* 1741. *in-12.*

2630 Teftament Politique de Charles Duc de Lorraine. *Lipfich.* 1696. *in-12.*

2631 L'Origine de la Très-Illuftre Maifon de Lorraine. *Toul,* 1704. *in-8.*

2632 Hift. de la Province d'Alface, par Laguille. *Straß.* 1727. *in-fol.*

2633 Schoepflini Alfatia Illuftrata Celtica Romana Francica. *Colmar,* 1751. *in-fol. C. M.*

Mélanges de l'Hiftoire de France.

2634 L'Etat de la France, par les Bénédiftins. *Par.* 1749. 6 *vol. in-12.*

2635 Le même, par Boulainvilliers. *Lond.* 1752. 8 *vol. in-12.*

2636 Œuvres de Pafquier, conten. les Recherches de la France. *Amft.* 1723. 2 vol. *in-fol.*

2637 Les mêmes *Amft.* 1723. 2 vol. *in-fol. gr. p.*

2638 Cérémonial François, par Godefroi. *Par.* 1649. 2 vol. *in-fol.*

2639 Le même. *Par.* 1749. 2 vol. *in-fol. gr. p. lav. r.*

2640 Recueil des Rois de France, leurs Couronnes & Maifons, par du Tillet. *Par.* 1718. 3 tom. 1 vol. *in-4.*

2641 Hiftoire de la Pairie de France & du Parlement de Paris. *Lond.* 1753. *in-12.*

2642 De l'Origine & Etabliffement du Parlement & autres Jurifdiftions, par de Miraulmont. *Par.* 1642. *in-8.*

2643 Les Eloges de tous les Premiers Préfidens du Parlement de Paris, par Souliers Blanchard. *Par.* 1645. *in-fol.*

2644 Differtation Hiftorique & Critique, fur la Chambre des Comptes. *Par.* 1765. *in-4. dor. f.*

2645 Hift. des Miniftres d'Etat. *Par.* 1642. 2 vol. *in-fol.*

2646 Hift. Chronologique de la Chancellerie. *Par.* 1710. 2 vol. *in-fol.*

2647 Recueil général des titres concernant les Fonftions des

Tréforiers de France , par Fournival. *Par.* 1655. *in-fol.*

2648 Hiftoire des Secrétaire d'Etat , par Fauvelet-du-Toc. *Par.*
1668. *in-4.*

2649 Les Antiquités & Recherches de la Grandeur des Rois
de France , par Duchefne. *Par.* 1609. *in-8. v. f.*

2650 Mémoires & Advis concernans les Charges de M. les Chan-
celiers & Gardes des Sceaux, par Ribier. *Par.* 1629. *in-4.*

2651 Traité de la Majorité de nos Rois , par du Puy. *Paris*,
1655. *in-4.*

2652 Traité de la Cour des Monnoyes , par Conftans. *Paris*,
1658. *in-fol. gr. p.*

2653 Traités touchant les Droits du Roi , par Dupuy. *Rouen*,
1670. *in-fol.*

2654 La Vérité défendue des Soffimes de la France. *Hol'.*
1668. 2 *tom.* 2 *vol. in-12.*

2655 Alex. Patricii Mars Gallicus feu de juftitia Armorum &
Fœderum Regis Galliæ. 1639. *in-8.*

2656 Le Mars François ou la Guerre de France , en laquelle
font examinées les raifons de la Juftice prétendue des Ar-
mes & des Alliances du Roi de France. 1637. *in-8.*

2657 Hiftoire de la Milice Françoife , par Daniel. *Amft.* 1724.
2 *vol. in-4.*

2658 La même. *Par.* 1721. 2 *vol. in-4. gr. p.*

Hiftoire d'Allemagne & des Pays-Bas.

2659 L'Etat & les Délices de la Suiffe. *Amft.* 1730. 4 *vol.*
in-12. fig.

2660 An Account of Switzerland. written on the year 1714.
Edinb. 1756. *in-12. br.*

2661 Hift. de Geneve , par Spon. *Genev.* 1730. 2 *vol. in-4.*

2662 Abrégé Chronologiq. de l'Hift. & du Droit Public d'Al-
lemagne. *Par.* 1754. *in-8.*

2663 Solemnités de l'Election & couronnement de Leopold,
Empereur. *Francfort*, 1660. *in-fol.*

2664 Hift. de l'Empereur Charles VI. *Amft.* 1742. 2 *vol. in-12.*

2665 Hift. du Prince Eugene. *Amft.* 1750. 5 *vol. in-12.*

2666 Mémoires de la Colonie , Maréchal de Camp des Armées
de l'Electeur de Baviere. *Brux.* 1734. 2 *vol. in-12.*

2667 Mémoires du Marquis Maffey. *La Haye*, 1740. 2 *vol. in-12.*

2668 Mémoires de Melvil. *Edimb.* 1745. 2 *vol. in-12.*

2669 Hift. de la fucceffion de Cleves & Juliers, par Rouffet.
Amft. 1738. 2 *vol. in-8.*

2670 Mémoires pour servir à l'Hist. de Brandebourg. *Berlin,* 1751. *in-4. m. r.*

2671 Histoire de la derniere Guerre de Bohême. *Francof.* 1745. *3 tom. 2 vol. in-12.*

2672 Atlas du Brabant. *in-8. obl.*

2673 Le Grand Théâtre Sacré du Duché de Brabant. *La Haye,* 1730. 4 *vol. in-fol.*

2674 Famianus Strada de Bello Belgico. *Roma,* 1648. 2 *vol. in-12.*

2675 Histoire de la Guerre des Pays-Bas, par Strada. *Brux.* 1727. 4 *vol. in-12.*

2676 Histoire de la Guerre de Flandre, trad. de Strada par Duryer. *Par.* 1645. 2 *vol. in-8.*

2676* Historia della Guerra di Flandria descritta dal Card. Bentivoglio. *Col. (Elzev.)* 1635. 3 *vol. in-12.*

2677 Opere del Cardinal. Bentivoglio. *Parigi,* 1645. *in-folio, gr. p. C. M.*

2678 Mémoires d'Olivier de la Marche. *Louvain,* 1645. *in-4.*

2679 Tractatus de Imperio ac dignitatibus. *Colonia,* 1675.... Christianissimi Regis in Brabantiæ Ducatum prætentio refutata. *Colonia,* 1677. *in-4.*

2680 Van Papendrecht Analecta Belgica. *Hagæ Com.* 1743. 5 *vol. in-4.*

2681 Histoire de Cambray & Cambresis, par Carpentier. *Layd.* 1664. 2 *vol. in-4. fig.*

2682 Description Historiq. de Dunkerque, par Fauconnier. *Bruge,* 1730. *in-fol.*

2683 Les Chartes Nouvelles du pays de Haynnau, par Sortins. *Mons.* 1666. *in-4.*

2684 Les Délices du Pays de Liege. *Liege,* 1738. 5 *vol. in-fol. v. f.*

2685 Description des XVII. Provinces de Hollande. *Par. in-12.*

2686 L'Etat présent de la République des Provinces & des Pays-Bas, par Janiçon. *La Haye,* 1729. 2 *vol. in-12.*

2687 Annales des Provinces-Unies, par Basnage. *La Haye,* 1719. 2 *vol. in-fol. gr. p. v. f.*

2688 Hist. des Provinces-Unies, par Wicquefort. *La Haye,* 1719. *in-fol.*

2689 Hist. des Provinces-Unies, des Pays-Bas, avec des Médailles, par le Clerc. *Amst.* 1723. 2 *vol. in-fol.*

2690 Hist. des Provinces-Unies. *La Haye,* 1704. 4 *vol. in-12.*

2691 Hiftoire Métallique des Pays-Bas, par Van-Loon. *La Haye*, 1732. 5 *vol. in-fol. gr. p.*

2692 Abrégé de l'Hift. de Hollande. *La Haye*, 1688. *in-12….* L'Ombre de Charles V. *Colog.* 1688. *in-12. m. r.*

2693 Hift. Abrégée de la Réformation des Pays-Bas, par Brandt. *La Haye*, 1726. 3 *vol. in-12.*

2694 Vie du Prince Maurice, Prince d'Orange, Comte de Naffau. *Amft.* 1654. *in-fol.*

2695 La Vie de Corn. Trompe, Amiral. *La Haye*, 1694. *in-8.*

2696 Hift. de la Vie & de la Mort de Corneille & Jean de Wit. *Utrecht*, 1709. 2 *vol. in-12.*

2697 Avis fidele aux véritables Hollandois. 1683. *in-4. fig.*

2698 La Vie de l'Amiral de Ruyter, par Brandt. *Amft.* 1698. *Amft.* 1698. *in-fol. fig.*

2699 La Vie de Mich. de Ruyter, Amiral. *Amft.* 1677. 2 *vol. in-12.*

2700 Lettres & Négociations entre Jean de Wit aux Cours de France & d'Angleterre, trad. de l'Hollandois par Boreel. *Amft.* 1725. 5 *vol. in-12..*

2701 Le Guide ou Nouvelle Description d'Amfterdam. *Amft.* 1720. *in-12.*

2702 Mémoires du Comte de Guiche, concernant les Provinces-Unies de Pays-Bas. *Utrecht.* 1744. 2 *vol. in-12.*

Hiftoire d'Angleterre.

2703 Le Guide d'Angleterre. *Amft.* 1744. *in-12.*

2704 Antonini Iter Britanniarum. *Lond.* 1719. *in-4.*

2705 Les Délices de la Grande-Bretagne, par Beeverell. *Leyde*, 1727. 8 *vol. in-12. fig.*

2706 Hiftoire d'Angleterre, par Rapin Thoyras. *La Haye*, 1724. 15 *vol. in-4.*

2707 La même. *Trevoux*, 1749. 16 *vol. in-4.*

2708 Hift. d'Angleterre, par le Chevalier Temple. *Amft.* 1744. *in-12.*

2709 Abrégé de l'Hift. d'Angleterre, par du Port du Tertre. *Par.* 1751. 3 *vol. in-12.*

2710 Hiftorical and Critical Remarks on Burnet's Hiftory, by Higgons. *Lond.* 1725. *in-8.*

2711 Hift. des Révolutions d'Angleterre, par le P. d'Orléans. *Amft.* 1714. 3 *vol. in-12.*

2712 Histoire des Révolutions d'Angleterre , par le même. *Par.*
1762. 4 *vol. in-12.*

2713 Histoire de Guillaume III. par Chevalier. *Amst.* 1692.
in-fol.

2714 La Vie d'Elisabeth , Reine d'Angleterre. *La Haye.* 1741.
2 *vol. in-12.*

2715 La Vie d'Olivier Cromwel. *La Haye*, 1738. 2 *vol. in-12.*

2716 Histoire du Prince Charles , Edouard Stuart. *Basle.* 1748.
in-12.

2717 Tragicum Theatrum Londini celebratum. *Amst.* 1649.
in-12. fig.

2718 Représentation des Malheurs horribles qui menacent les
Protestans de la Grande-Bretagne.... Le Triomphe de la Li-
berté par la mort tragique de Charles Stuart, Roi d'Angle-
terre *Lond.* 1688. *in-12.*

2719 Hist. des derniéres Révolutions d'Angleterre , par Bur-
net. *La Haye*, 1735. 4 *vol. in-12.*

2720 Hist. de la Rébellion des Guerres Civiles d'Angleterre ,
par Clarendon. *La Haye*, 1704. 6 *vol. in-12.*

2721 La Vie d'Anne Stuart , Reine d'Angleterre. *Rott.* 1717.
in-12.

2722 Mémoires du regne de George I. *La Haye*, 1729. 5 *vol.*
in-12.

2723 Mémoires de Jean Ker de Kersland. *Amst.* 1727. 3 *vol.*
in-12.

2724 La Conduite de Malborough dans la présente guerre. *Amst.*
1714. *in-12.*

2725 Fautes des deux cotez par rapport à ce qui s'est passé de-
puis peu en Angleterre. *Rotterd.* 1711. *in-8. v. f.*

2726 Historical Collections , by Rushworth. *Lond.* 1659. 6 *vols*
in-fol.

2727 Lettres du Comte d'Arlington au Chevalier Temple.
Utrecht, 1701. *in-12.*

2728 Mémoires & Lettres de Carleton. *La Haye.* 1759. 3 *vol.*
in-12.

2729 Histoire du Ministere du Chev. Rob. Walpool. *Amst.*
1764. 3 *vol. in-12.*

2729 * Rapport du Comité Secret nommé par la Chambre
Basse du Parlement de la Grande-Bretagne , par Walpool.
Amst. 1715. *in-8.*

2730 Mémoires d'Edmond Ludlow. *Amst.* 1699. 2 *vol. in-12.*
   v. f. tr. f.

2731 Lettres de Filtz-Moritz, trad. de l'Angl. par de Garnezai.
   Rotterd. 1718. *in-12.*

2732 Thomæ Rymer & Rob. Sunderſon Fœderæ Conventiones &
   Acta Angliæ ſtud. Kolms. *Hagæ Com.* 1745. 10 *vol. in-fol.*
   C. M. br.

2733 Hiſtoriæ Parliamenti Angliæ Breviarium. *Lond.* 1651. *in-12.*

2734 The Regiſter of the moſt Noble ordre of the Garter. *Lond.*
   1724. 2 *vol. in-fol.*

2735 The Statutes at Large in Paragraphs and ſections or num-
   bers, from magna Charta. *Lond* 1706. 3 *vol. in-fol.*

2736 The Inſtitutions Laws & Ceremonies of the Garter,
   by Ashmole. *Lond.* 1612. *in-fol.*

2737 Williams Oxonia de Picta ſive Collegiorum & Aulearum
   in inclyta Academia Oxonienſi delinatio. *in-fol. C. M.*

2738 Hiſt. de l'Irlande, par Ma-Geoghegan. *Par.* 1758. *in-4.*

Hiſtoire d'Eſpagne & de Portugal.

2739 Délices d'Eſpagne & de Portugal, par de Colmenar.
   Leyde, 1715. 5 *vol. in-12.*

2740 Annales d'Eſpagne & de Portugal, par le même. *Amſt.*
   1741. 8 *vol. in-12.*

2741 Les mêmes. 1741. 4 *tom. en* 2 *vol. in-4. gr. p.*

2742 Hiſt. du Miniſtere du Cardinal Ximenès, par Marſollier.
   Par. 1739. 2 *vol. in-12.*

2743 Succeſſion de el Rey D. Phelipe V. en la Corona de Eſ-
   panna. *Madr.* 1704. *in-fol.*

2744 Hiſt. des Révolutions d'Eſpagne, par le P. d'Orléans.
   Par. 1734. 3 *vol. in-4. gr. p.*

2745 Hiſt. Générale de Portugal, par la Clede. *Par.* 1735. 2
   vol. in-4. v. f.

2746 Révolutions de Portugal, par de Vertot. *Par.* 1758.
   in-12.

2747 Hiſtoire du Détrônement d'Alphonſe VI. Roi de Portu-
   gal. *Par.* 1742. *in-12.*

Hiſtoire des pays ſeptentrionaux

2748 Loccenii Rerum Succicarum Hiſtoria. *Holmiæ,* 1654. *in-8.*

2749 Hiftoire de Suede fous le regne de Charles XII. par Li-
miers. *Amft.* 1721. *6 vol. in-*12

2750 Hift. de Guftave-Adolphe, Arckenholts. *Amft.* 1764. *4 vol.*
*in-*12.

2751 Hift. de Suede fous le regne de Charles XII. par de Li-
miers. *6 vol. in-*12.

2752 Hift. de Charles XII. Roi de Suede. *Bafle,* 1731. *2 vol.*
in 12.

2753 L'Etat préfent de la Suéde, par Robinfon. *Amft.* 1720.
*in-*12

2754 Le Soldat Suédois. 1634. *in-*8.

2755 Mémoires concernant Chriftine Reine de Suéde, par
Arckenholts. *Amft.* 1761. *2 vol. in-*4.

2755 * Hiftoire des Révolutions de Hongrie. *La Haye,* 1739.
*5 vol. in-*12.

2756 Hiftoire du Miniftere du Cardinal Martinufius. *Par.* 1715.
*in-*12.

2757 Mémoires du Duc de Wirtemberg. *Amft.* 1711. *in-*12.

2758 Hift. des Rois de Pologne. *Amft.* 1748. *4 vol in-*12.

2757 Hift. de Sobieski Roi de Pologne, par l'Abbé Coyer.
Par. 1761. *3 vol. in-*12.

2760 Mém. de Dannemarc par des Roches. *Par.* 1732. *8 vol.*
*in-*12.

2761 Mémoires de Hambourg, par du Maurier. *Amft.* 1736.
in. 12.

2762 Hift. de Pierre le Grand, Empereur des Ruffies. *Amft.*
1742. *in-*4.

Hiftoire des Monarchies hors de l'Europe.

2763 Hift. de l'Empire Ottoman, par Sagredo, trad. par Lau-
rent. *Par.* 1724. *5 vol. in-*12.

2764 Les Mœurs & Ufages des Turcs, par Guer. *Par.* 1746.
*2 vol. in-*4.

2765 Les mêmes. *Par.* 1746. *2 vol. in-*4. *gr. p.*

*2766 Etat Militaire de l'Empire Ottoman, par le Comte Marfi-
gli. *La Haye,* 1732. *in-fol. fig.*

2767 Recueil de cent Eftampes du Levant, par Ferriol. *Par.*
1714. *in-fol. tr. f.*

2768 Hiftoire générale des Huns, Turcs & Mogols, par De-
guignes. *Par.* 1756. *5 vol. in-*4.

2769 Hiftoire Générale des Goths, trad. du lat. de Jornandès. Par. 1703. in-12.

2770 Hiftoire Généalogique des Tatares. Leyde, 1726, 2 vol. in-12.

2771 Mémoires fur les Miffions des Indes Orientales, par le P. Norbert. Luques. 1745. 4 vol. in-12.

2772 Hiftoire de la Guerre de Chypre, par le Pelletier. Par. 1685. in-4.

2773 Hift. des Révolutions de Perfe. Par. 1742. 2 vol. in-12.

2774 Mogul Tales, or the Dreams of Men Awake: Being. Lond. 1743. 2 vol. in-12. fig.

2775 Hiftoire de Tamerlan, Empereur des Mogols, par le P. Margat. Par. 1739. 2 tom. 1 vol. in-12.

2775 * Hift. du même. Par. 1739. 2 vol. in-12. v. f.

2776 L'Ambaffade de Silva en Perfe. Par. 1696. in-4.

2777 Hift. de Gentchifcan, Conquérant de la Chine, par le P. de Gaubil. Par. 1739. in-4. v. f.

2778 Hift. du Chriftianifme d'Ethiophie & d'Arménie, par la Croze. La Haye, 1739. in-12.

2779 Difcription Hiftorique du Royaume de Macacar. Par. 1688. in-12.

2780 Defcription Hiftorique du Royaume de Macacar. Ratifb. 1700 in-12.

2781 Le Royaume de Siam, par la Loubere. Par. 1699. 2 vol. in-12.

2782 La Chine illuftrée, par Athan. Kircher. Amft. 1670. in-fol.

2783 Hift. Univerfelle de la Chine, par Semedo. Lyon, 1667. in-4.

2784 N. Mémoires fur l'Etat préfent de la Chine, par le P. le Comte. Par. 1701. 3 vol. in-12.

2785 Ambaffade des Provinces-Unies vers l'Empereur de la Chine, par Nieuhoff. Leyde, 1665. in-fol.

2785 Hift. Naturelle, Civile & Eccléfiaftique de l'Empire du Japon, par Scheuchzer. La Haye, 1732. 3 vol. in-12.

2787 Hift. du Japon, par Charlevoix. Par. 1754. 6 vol. in-12.

2788 La même Hift. Par. 1736. 2 vol. in-4. v. f.

2789 Ambaffade des Provinces-Unies vers les Empereurs du Japon. Amft. 1680. in-fol. fig.

2790 Nouv. Relation de l'Afrique Occidentale, par Labat. Par. 1728. 5 vol. in-12.

2791 Defcription de l'Afrique, par Dapper. Amft. 1686. in-fol.

2792

2792 Description de l'Egypte , par le Mascrier. *La Haye* , 1740. 2 *vol. in-12.*

2793 The History of the Island of Minorca , by J. Armstrong. *Lond.* 1746. *in-8. fig.*

2794 A. Description of the East and Some other conutries , by Pococke. *Lond.* 1743. 2 *vol. in-fol fig.*

2795 Description de l'Archipel , par Dapper. *Amst.* 1703. *in-folio.*

2796 Histoire de Saladin , par Marin. *Par.* 1758. 2 *vol in-12.*

2797 Relation des Etats de Fez & de Maroc. *Par.* 1726. *in-12.*

2798 Relation Historique d'Abissinie , par le Grand. *Par.* 1728. *in-4. v. f.*

2799 Description du Cap de Bonne-Espérance , par Kolbe. *Amst.* 1741. 3 *vol. in-12.*

2800 Hist. de la Conquête du Mexique , par de Solis. *Paris* , 1700. 2 *vol. in-12.*

2801 Histoire du Paraguai , par le P. Charlevoix. *Par.* 1756. 3 *vol. in-4.*

2802 Histoire de la Conquête du Pérou , par de Zarate. *Par.* 1799. 2 *vol-in-12.*

2803 Histoire de l'Isle Espagnole ou de S. Domingue , par le P. Charlevoix. *Par.* 1730. 2 *vol. in-4.*

2804 La même Histoire. *Par.* 1730. 2 *vol. gr. p. v. f*

2805 Hist. des Découvertes & Conquêtes des Portugais , par Lafitau. *Par.* 1733. 4 *vol. in-12.*

2806 Histoire de l'Isle de Ceylan , par Ribeyro. *Trev.* 1701. *in-12.*

2807 Relation de la France Equinoxiale , par Barrere. *Par.* 1743. *in-12. fig.*

2808 Hist. & Description Générale de la Nouvelle France , par Charlevoix. *Par.* 1744. 6 *vol. in-12.*

2809 Histoire Générale des Antilles , par du Tertre. *Paris* , 1671. 4 *tom.* 3 *vol. in-4.*

2810 Histoire de la Nouvelle France , par Lescarbot. *Par.* 1612. *in-8.*

2811 Histoire de la Nouvelle France , par le P. Charlevoix *Par.* 1744. 6 *vol. in-12.*

2812 La même. *Par.* 1744. 3 *vol. in-4.*

Histoire Héraldique & Généalogique.

2813 Traité de la Nobleſſe, par de la Rocque. *Rouen*, 1710. *in-4.*

2814 L'Art Héraldique, par Playne. *Par.* 1718. *in-12.*

2815 Le vrai Théâtre d'honneur & de Chevalerie, par de la Colombiere. *Par.* 1648. *2 vol in-fol.*

2816 N. Deſſeins pour la Pratique de l'Art Héraldique, par Mavelot. *in-4.*

2817 La Vraie & Parfaite Science des Armoiries, par Palliot. *Dijon*, 1660. *in-fol.*

2818 Généalogies Hiſtoriq. des Rois, Empereurs & Maiſons Souveraines, &c. par Chazot. *Par.* 1736. *4 vol. in-4.*

2819 Les Souveraines du Monde. *Par.* 1734. *5 vol. in-12.*

2820 Science Héroïque, par de la Colombiere. *Par.* 1699. *in-fol.*

2821 Les Blaſons des Armes de la Royale Maiſon de Bourbon, par de la Rocque. *Par. in-fol. enlum. m. r.*

2822 Principum Chriſtianorum Stemmata ab Albizio Nobili Florentino Collecta. *A gent. in-fol.*

2823 Armorial de la Ville de Paris enluminé, par Chevillard. *in-fol*

2824 Nobiliaire de Picardie, par Haudicquer de Blancourt. *Par.* 1693. *in-4.*

2825 Recueil de pluſieurs Maiſons illuſtres de Picardie, par la Morliere. *Amiens*, 1630. *in-4.*

2826 Hiſt. Généalogique de la Maiſon d'Auvergne, par Juſtel. *Par.* 1645. *in-fol. d. ſ. t.*

2827 Hiſt. de la Maiſon de Turenne, par le même. *Par.* 1645. *in-folio.*

2828 Hiſt. Généalogique de la Maiſon des Chaſteigners, par Duchesne. *Par.* 1634. *in-fol.*

2829 Hiſt. de Montmorency, par Deſormeaux. *Par.* 1764. *5 vol. in 12.*

2830 Hiſt. de la Maiſon de Mailly. *Par.* 1757. *in-fol. m. r. à dentelles.*

2831 Hiſt. Généalogiq. de la Maiſon de Surgeres en Poitou, par Valart. *Par.* 1718. *in fol.*

2832 Généalogie des Seigneurs de la Dufferie, par d'Hozier. *Par.* 1662. *in-fol.*

2833 Les Blaſons & Armes de la Province de Languedoc, par du Mole. *in-fol.*

2834 Généalogie de la Maison de Chaftellard. *in-fol. m. r.*

2835 Bucelini Germania Topo-Chrono-Stemmato-Graphica Sacra & Profana. *Aug. Vendel.* 1660. 3 *vol. in-fol.*

2836 Delfii Opera Hiftorica omnia Burgundica, Auftriaca, Belgica *Lovan.* 1651. *in-fol-*

2837 Généalogie des Comtes de Naffau. *Leide.* 1525. *in-fol.*

2838 Miroir des Nobles de Hafbaye, par Hemricourt. *Brux.* 1873. *in-fol.*

2839 Hiftoire de la Maifon de Luxembourg, par Vigner. *Par.* 1617. *in-12.*

2840 Origine de la Maifon de Sohier. *Leyde*, 1670. *in-folio, gr. p.*

2841 Généalogie des Comtes de Flandre, par de Wrée. *Bruges*, 1644. 2 *vol. in-fol.*

2842 Les Marques d'honneur de la Maifon de Taffis. *Anv.* 1645. *in-fol.*

2843 Hiftoire Abrégée de la Maifon Palatine, par Schannat. *Francof.* 1740. *in-12.*

2844 Hiftoria Genealogica de la Cafa de Silva por de Salazar y Caftro. *Mad.* 1685. 2 *vol. in-fol.*

2845 Im-hoff Regum rariumque Magnæ Britanniæ Hiftoria Genealogica. *Norimb*, 1690. *in-fol.*

Antiquités.

2846 Pitifci Lexicon Antiquitatum Romanarum. *Leov.* 1713. 2 *vol. in-fol.*

2847 Ejufd. Pitifci. *Hag. Com.* 1738. 3 *vol. in-fol.*

2848 Thefaurus Antiquitatum & Hiftoriarum Italiæ Mari Liguftico & Alpibus Vicinæ collect. ftud. Georg. Grævii cum figuris. *Lugd. Bat.* 1704. 42 *tom. en* 38 *vol. in-fol.*

2849 L'Antiquité expliquée & repréfentée en figures, avec le Supplément, par Bernard de Montfaucon. *Par.* 1719. 15. *vol. in-fol. gr. p. v. f.*

2850 Rofini Antiquitatum Romanarum corpus abfolutiffimum cum notis Dempfteri. *Amft.* 1685. *in-4.*

2851 Hyde Religio veterum Perfarum. *Oxon.* 1700. *in-4. fig.*

2852 Ejufd. Hyde *Oxon.* 1760. *in-4. v. tr. f.*

2853 Le Antichita d'Aquileja Profane e Sacre da Bertoli. *Venez.* 1730. *in-fol.*

2854 Pignori Menfa Ifiaca. *Amft.* 1664. *in-4. fig.*

2855 Poſtelli de Magiſtratibus Athenienſium Liber. *Baſil. in-8.*
v. f. d. f. t.

2856 Réponſe à l'Hiſt. des Oracles de Fontenelle. *Straſbourg,*
1707. 2 *vol. in-8.*

2857 Hiſt du Commerce & de la Navigation des Anciens, par
Huet. *Par.* 1727. *in-8*

2858 P. Petiti de Amazonibus Diſſertatio. *Pariſ.* 1685. *in-12.*

2859 Traité Hiſtoriq ſur les Amazones, par Petit. *Leyde.* 1718.
in-12.

2860 Ludii Syntagma Sacrum de re Militari. *Dordr.* 1698.
in-4.

2861 Diſcours de la Religion des anciens Romains, par du
Choul. *Lyon,* 1581. *in-4.*

2862 Le imagini de i Dei degli Antichi, raccolte del Cartari.
Venet. 1587. *in-4.*

2863 Explication Nouvelle de l'Apothéoſe d'Homère, par
Schot. *Amſt.* 1714. *in-4.*

2864 El. Schedius de Diis Germanis. *Amſt.* 1648. *in-8.*

2865 Burmanni Vectigalia Populi Romani. *Leyde,* 1734. *in-4.*

2866 Inſcriptionum Antiquarum Græcarum & Romanarum
quæ exſtant in Etruriæ Urbibus cum notis Salvinii cura &
ſtudio Gorii. *Florent.* 1727. 3 *vol. in-fol.*

Hiſtoire Metallique, ou Médailles, Monnoies, &c.

2867 Diſcours ſur les Médailles & Gravures Antiques, par
Ant. le Pois. *Par.* 1579 *in-4.*

2868 Morellii Specimen Univerſæ Rei Nummariæ Antiquæ.
Pariſ. 1685. *in-8. m. r.*

2869 Explication d'une Médaille énigmatique d'Auguſte. *Berl.*
1711. *in-4. v. f.*

2870 Sperlingii Diſſertatio de Nummis non Cuſis tam vete-
rum quam recentiorum. *Amſt.* 1700. *in-4.*

2871 Gotha Nummaria, ſiſtens Theſauri Fredericiani Numiſmata
Antiqua Aurea, Argentea & Ærea. *Amſt.* 1730. *in-folio,*
v. f. t. ſ.

2872 De Bie Numiſmata Aurea. *Amſt. in-4.*

2873 Ezech Spanhemii de uſu & præſtantia Numiſmatum.
Antiquorum. *Lond.* 1717. 2 *vol. in-fol. C. M.*

2874 Banduri Numiſmata Imperatorum Romanorum. *Pariſ.*
1718. 2 *vol. in-fol.*

2875 Ejufd. Banduri. *Parif.* 1718. 2 *vol. in-fol. C. M.*

2876 Vaillant Numifmata Imperatorum , Auguftarum & Cæfarum. 1700. *in-fol.*

2877 Vaillant Numifmata Ærea Imperatorum Auguftar. & Cæfarum in Coloniis , Municipiis & Urbibus jure Latino donatis. *Parif.* 1693. *in-fol.*

2878 Mediobarbi Imperatorum Romanorum Numifmata. *Mediol.* 1682. *in-folio.*

2879 Thefaurus Morellianus five Familiarum Romanarum Numifmata omnia cum Comm. Havercampi. *Amft.* 1734. 2 *vol. in-fol. C. M. v. f.*

2880 Bellorii Romani adnotationes in XII. priorum Cæfarum Numifmata. *Roma.* 1730. *in-fol.*

2881 Harduini de Nummis Antiquis coloniarum & municipiorum ad J. Foy Vaillant. *Parif.* 1689. *in-4.*

2882 Traité Hiftorique des Monnoies de France, par le Blanc. *Par.* 1639. 2 *vol. in-4r*

2883 Le même. *Amft.* 1692. *in-4.*

2884 Differtation fur douze Médailles des Jeux Séculaires de l'Empereur Domitien , par Rainffant. *Verfaill.* 1684. *in-4. v. f.*

2885 Differtations du P. Chamillart fur plufieurs Médailles & Pierres gravées de fon Cabinet. *Par.* 1711. *in-4. m. r.*

2886 La France Métallique , par de Bie. *Par.* 1634. *in-fol.*

2887 Médailles fur les principaux Evénemens du regne de Louis le Grand , avec des Explications Hiftoriques. *Par.* 1702. *in-fol. v. f*

2888 Les mêmes. *Par.* 1623. *in-fol. m. r.*

2889 Médailles du Cabinet de la Reine Chriftine , par Havercamp. *La Haye.* 1742. *in-fol. gr. p. v. f.*

2890 Tractatus varii atque utiles de monetis , earumque mutationes. *Colon.* 1573. *in-8.*

2891 Bernardi de Menfuris & Ponderibus Antiquis Libri III. *Oxon.* 1688. *in-8.*

2892 Tables of Ancient Coins Weights and Meafures , by Arbuthnot. *Lond.* 1727, *in-4. gr. p.*

Defcriptions d'Anciens Monumens & Edifices, &c.

2893 Effai fur les Hieroglyphes des Egyptiens , trad. de Warburthon. *Par.* 1744. 2 *vol. in-12.*

2895 Raphaëlis Fabretti de Columna Trajana Syntagma. *Roma*. 1683. *in-fol.*

2896 Les Ruines de Palmyre autrement dite Heliopolis dans la Cœlofyrie. *Lond.* 1757. *in-fol.*

2897 Nicolai de Sepulchris Hebræorum. *Lugd.* 1706. *in-4.*

2898 Obfervations fur les Antiquités de la Ville d'Herculanum, par Cochin. *Par.* 1754. *in-12. m. r.*

2899 Roma Sotterranea Opere Poftuma di Ant. Bofio. *Roma.* 1650. 2 *vol. in-4.*

2900 Ciampini Romani Vetera Monumenta. *Roma.* 1747. 3 *vol. in-fol.*

2901 Roma Subterranea. *Lutet.* 1680. *in-fol.*

2902 Suarefii Præneftes Antiquæ Libri II. *Roma.* 1655. *in-4.*

2903 Tabula Antiatina e ruinis veteris Antii nuper Effofa interpret. & not. J. Rocco Vulpio. *Roma.* 1726.... Profperi Parifii rariora magnæ Græciæ Numifmata. 1683. *in-fol. fig.*

2904 Veteris Latinis Antiqua veftigia urbis Mænia. *Roma.* 1751. *in-fol. obl.*

2905 Adriani Relandi de fpoliis Templi Hierofolimitani in Arcu littano, Romæ confpicuis liber fingularis. *Traj. ad Rhen.* 1716. *in-12 fig*

2906 Plufieurs Monumens de Rome Ancienne, par Barbault. *Rome.* 1761. *in-fol. gr. p*

2907 Les Edifices Antiques de Rome, par Defgodetz. 1682. *in-fol. fig.*

2908 Balduini Calceus Antiquus & Myfticus & Jul. Nigronus de Caliga veterum cum obfervation. Nilant. *Lugd. Bat.* 1711. *in-8.*

2909 L'Antifiatro Flavio defcritto e deliniato dal Fontana. *Haia.* 1725. *in-fol. C. M.*

2910 Hift. des Grands Chemins de l'Empire Romain, par Bergier. *Par.* 1622. *in-4.*

2911 Hift. des Grands Chemins & l'Empire Romain, par le même. *Brux.* 1736. 2 *vol. in-4.*

2912 La même. 2 *vol. in-4. gr. p.*

Diverfes Antiques, Pierres gravées, Cachets, &c.

2913 Pierres Antiques gravées par Picart, Expliquées par Stofch, en Lat. Fr. trad. par Limiers. *Amft.* 1724. *in-fol gr. p. m. r.*

2914 Ebermayer Gemmarum Affabre Sculptarum Thefaurus. *Norimb.* 1720. *in-fol.*

2916 Imagines & Elogia virorum illustrium & eruditor. ex Antiquis Lapidibus & Numismatib. expressa cum annotationib. ex Bibliotheca Fulvi Ursini. *Roma.* 1620. *in-fol.*

2917 Images des Héros & des Grands Hommes de l'Antiquité, par Canini, gravées par Picart. *Amst.* 1731. *in-4.*

2918 Bartoli Lucernæ veterum Sepulchrales Iconicæ cum observation. Bellorii. *Colon.* 1702 *in-fol.*

2919 Traité de la Méthode Antique de graver en Pierres fines, comparée avec la Méthode moderne , par Natter. *Lond.* 1754. *in-fol.*

2920 Bartoli Museum Odescalchum , sive Thesaurus Antiquarum Gemmarum. *Roma.* 1751. *in-fol. v. f. t.. f.*

2921 Le Cabinet de la Bibliotheque de Sainte Genevieve , par du Molinet. *Par.* 1692. *in-fol.*

Histoire Littéraire.

2922 Mabillon de Re Diplomatica Libri VI. & supplementum. *Lutet.* 1681 & 1705. 2 *vol. in-fol.*

2923 Walteri Lexicon Diplomatum abreviationes syllabarum & vocum in Diplomatibus & codicibus à seculo VIII. ad XVI. usque occurentes exponens. *Ulma,* 1756. 2 *vol. in-fol. C. M.*

2924 Mazochii Commentariorum in Regii Herculaniensis Musei Æneas Tabulas Herculenses. *Neapoli.* 1754. *in-fol.*

2925 Hist. de l'Imprimerie & de la Librairie. *Par. La Caille.* 1689. *in-4.*

2926 L'Origine de l'Imprimerie de Paris , par Chevillier. *Par.* 1694. *in-4.*

2927 Histoire de l'origine & des premiers progrès de l'Imprimerie , par Prosp. Marchand. *La Haye.* 1740. *in-4.*

2928 Maittaire , Annales Typographici ab Artis inventæ. *Haga. Com.* 1719. 7 *vol. in-4.*

2929 Jansonii ab Almeloveen de Vitis Stephanorum. *Amst.* 1683. *in-8.*

2930 Hist. & Mémoires de l'Académie des Inscriptions & Belles-Lettres. *Par.* 1717 & suiv. 30 *vol. in-4. fig.*

2931 Histoire & Mémoir. de l'Académie des Sciences depuis 1666 jusqu'à 1756. *Par.* 1766. & suiv. 72 *vol. in-4.*

2932 Hist. de l'Académie Royale des Sciences & Belles-Lettres. *Berl.* 1756. 8 *vol. in-4.*

2933 Transactions Philosophiques de la Société Royale de

Londres depuis 1731 jusqu'en 1736, avec les Tables par Bremond. *Par.* 1739. 4 *vol. in-4.*

2934 Opuscula omnia Actis Eruditorum Lipsiensibus inserta. *Venet.* 1741. 2 *vol. in-4.*

Bibliographes.

2935 Bibliothéque Curieuse, Historiq. & Critiq. par Clement. *Gott.* 1750. 6 *vol. in-4. br.*

2936 Jugement des Sçavans, par Baillet, augmentés par de la Monoye. *Amst.* 1725. 17 *vol. in-12.*

2937 Bibliothéque de la Croix du Maine. *Par.* 1584. *in-fol.*

2938 Bibliothéque Franç. par Goujet. *Par.* 1741. 16 *vol. in-12.*

2939 Bibliothéq. Historiq. Critiq. des Auteurs de la Congrégation de S. Maur, par le Cerf. *La Haye*, 1726. *in-12.*

2940 Hist. Littéraire de la France, par D. Rivet & autres. *Par.* 1733. 11 *vol. in-4.*

2941 G. Cave Historia Litteraria Script. Ecclesiast. *Basil.* 1715. 2 *vol. in-fol.*

2942 Le Journal des Sçavans, par Salo, depuis 1665 jusqu'à 1759. 88 *vol. in-4.*

2943 Journal de Trevoux, depuis 1701 jusq. 1762. 301 *vol. in-12.*

2944 Jugemens sur quelques Ouvrages nouveaux, par de la Fontaines. *Avign.* 1744. 11 *vol. in-12.*

2945 Observations sur la Littérature Moderne, par l'Abbé de la Porte. *Lond.* 1752. 11 *vol. in-12.*

2946 Le Nouvelliste du Parnasse, ou Réflexions sur les Ouvrages nouveaux. *Par.* 1731. 3 *vol. in-12.*

2947 Voyage en l'autre monde. *Lond.* 1753. *in-12.*

2948 Les cinq Années Littéraires de Clément. *Par.* 1754. 2 *vol. in-12.*

2949 Mémoir. de Littérature, par Sallingre. *La Haye*, 1716. 6 *vol. in-12.*

2950 Hist. Critiq. des Journaux, par Camusat. *Amst.* 1734. 2 *vol. in-12.*

2951 Mélanges d'Histoire & de Littérature, par de Vigneul Marville. *Par.* 1725. 3 *vol. in-12.*

2952 N. Mémoir. d'Histoire, de Critiq. & de Littérature, par l'Abbé d'Artigny. *Par.* 1749. 6 *vol. in-12.*

2953 Bibliothéque Choisie de Colomiès. *Amst. in-12.*

2954 Bibliotheca Bentesiana. *Amst.* 1702. *in-4.*

2955

2955 Hist. d'un Voyage Littéraire fait en 1733 , par Jordan. *La Haye* , 1736. *in-12.*

2956 Essais sur de divers Sujets de Littérature & de Morale , par Trublet. *Par.* 1749. 2 *vol. in-12.*

2958 Index Librorum prohibitorum expurgandorum pro Catholicis. *Madr.* 1667. *in-fol.*

2959 Possevini Apparatus Sacer. *Venet.* 1606. 2 *vol. in-fol.*

2960 Calvoli Bibliotheca volante. *Venezia.* 1734. *in-4.*

2961 Bibliotheca Telleriana. *Parif.* 1693. *in-fol.*

2962 Montfaucon Bibliotheca Bibliothecarum Manuscriptorum nova. *Parif.* 2 *vol. in-fol.*

2963 Les Hommes Illustres qui ont vécu dans le XVII. siécle, par Van-Hulle. *Amst.* 1717. *in-fol. v. f. tr. f.*

2964 Les Hommes Illustres qui ont paru en France , par Perault. *Par.* 1696. *in-fol.*

2965 Hommes Illustres de France , par d'Auvigny, Perau & autres. 1739. & suiv. 23 *vol. in-12.*

2966 Mémoires pour servir à l'Hist. des Hommes illustres de Provence, *Par.* 1752. *in-12.*

2967 La Vie de Descartes. *Par.* 1691. *in-4.*

2968 Vie de Pierre Gassendi. *Par.* 1737. *in-12.*

2969 Vie de M. Bossuet , par Burigny. *Par.* 1761. *in-12.*

2970 Hist. de la Vie & des Ouvrages de la Croze. *Amst.* 1741. *in-12.*

2971 Vie de l'Abbé de Choisy. *Genev.* 1740. *in-8.*

2972 Vite di piu excellenti Pittori , Scultori , & Architetti di Vasari. *Bolog.* 1648. 3 *vol. in-4.*

2973 Felsina Pittrice Vite de Pittori Bolognesi. *Bologna.* 1678. 2 *vol. in-4.*

2974 Æliani Variæ Historiæ Gr. & Lat. curante Gronovio. *Amst.* 1731. 2 *vol. in-4.*

2975 Eædem Æliani. *Amst.* 1731. 2 *vol. in-4.* C.M.

2976 Valerii Maximi Dictorum factorumque memorabilium cum not. integris Perizonii. *Leidæ.* 1726. *in-4.*

2977 Valerius Maximus. *Amst.* 1625. *in-24.*

2978 Mémoires Historiq. Politiq. Critiq. & Littéraires , par Amelot de la Houssaye. *La Haye* , 1737. 3 *vol. in-12.*

2979 Hofmanni Lexicon Universale Historiam Sacram & Profanam. *Lugd. B.* 1698. 4 *vol. in-fol. v. f. tr. f.*

2980 Dictionn. Histor. de Louis Morery. *Par.* 1712. 5 *vol. in-fol.*

2980 * Le même Dictionn. avec Supplement de l'Abbé Goujet inseré dedans. *Amst.* 1740. 8. *vol. in-fol.*

2981 Dictionn. Histor. & Critiq. par Bayle. 1756. 5 *vol. in-folio.*

2982 Le même. *Amst.* 1740. 4. *vol. in-fol.*

2983 Supplement au Dict. de Bayle, par Chauffepié. *Amst.* 1756. 4 *vol. in-fol.*

2984 Dictionn. Historiq. & Critiq. par Prosp. Marchand. *La Haye,* 1758. *in-fol.*

SUPPLEMENT.

THEOLOGIE.

2985 N. J. C. Testamentum. *Lutet.* 1703. 2 *vol. in-12. m. n.*

2986 Thalmud Babylonicum Hebraïce cum Comm. Raschi & aliorum Hebr. *Amst. Eman. Ben. Benifti.* 1644. 14 *vol. in-fol.*

2987 Margarini de la Bigne Bibliotheca Maxima veterum Patrum & Antiquorum Scriptorum Ecclesiasticorum in lucem edita stud. & Opera Despont. *Lugd.* 1677. 27 *vol. in-fol. vel.*

2988 N. le Noutry Apparatus ad Bibliothecam Maximam veterum patrum. *Parif.* 1715. *tom.* 2. *in-fol.*

2990 S. Hieronymi Opera. *Parif.* 1546. 9 *tom.* 4 *vol. in-fol.*

2991 P. P. Gab. Antoine Theologia Universa, speculativa & dogmatica. *Parif.* 1742. 7 *vol. in-12.*

2992 Breviarium Rotomagense Autor. DD. de Treffan. *Rotomagi.* 1736. 4 *vol. in-12.*

2993 Catéchisme de Montpellier. *Par.* 1753. 3. *vol. in-12.*

2994 Sermons du P. Bourdaloue pour le Carême & l'Avent. *Par. Regaud.* 1707. 4 *vol. in-8.*

2995 Exhortations & Instructions Chrétiennes, par le même. *Par. Rigaud.* 1723. 2 *vol. in-12.*

2996 De Imitatione Christi Libri IV. *Colon.* 1634. *in-32. m. r.*

2997 De Imitatione Christi Libri IV. ex recens. Valart. *Parif.* 1758. *in-12. v. f. d. f. t.*

2998 L'Imitation de Jesus-Christ en vers François, par Corneille. *Bruff.* 1704. *in-12. fig. d. f. tr.*

2999 J. Gerhardi Meditationes Sacræ. *Amst.* 1633. *in-24. m. b.*

3000 Manuel de Méditations dévotes, par le P. Busée. *Par.* 1638. *in-24. m. r.*

3001 De la Sainteté & des Devoirs de la vie Monastique, par l'Abbé de la Trape. *Brux.* 1684. 2 *vol. in-8.*

3002 Explication du Mystere de la Passion de N. S. J. C. suivant la Concorde , par Duguet. *Par.* 1728. 2 *vol. in-*12.

3003 Lessii de Providentia numinis & animi immortalitate Libri II. adversus Athéos. & Politicos. *Antv.* 1613. *in-*8.

3004 P. F. Arpe Theatrum fati , sive notitia scriptorum de Providentia , Fortuna & Fato. *Rotterd.* 1712. *in-*8.

3005 L'Examen de soi-même pour bien se préparer à la Communion , par Claude. *La Haye* , 1693. *in-*12.

3006 L'Accomplissement des Prophéties ou la Délivrance prochaine de l'Eglise. *Rotterd.* 1686. 2 *vol. in-*12.

3007 Essai des merveilles de Dieu en l'harmonie des temps , par d'Espagnac. *Lond.* 1657. *in-*12.

3008 G. Bulli Defensio fidei Nicænæ. *Oxon.* 1688. *in-*4.

3009 Métamorphoses de la Religion Romaine , par Aymon. *La Haye* , 1700. *in-*12.

3010 Le Systême des Théologiens Anciens & Modernes , sur l'état des ames séparées des corps. *Lond.* 1739. 2 *tom.* 1 *vol. in-*12.

3011 ▬▬▬▬▬▬▬▬▬▬▬▬ *mss. in-*4.

D R O I T.

3012 Paraphrase du Commentaire de Dumoulin sur les Regles de la Chancellerie Romaine , par Castel. *Par.* 1700. *in-fol.*

3013 Extraits des Assertions dangereuses & pernicieuses en tout genre que les soi-disant Jésuites ont enseignées. *Par.* 1763. *in-*4.

3014 Code des Paroisses , par le P. Bernard. *Par.* 1746. 2 *vol. in-*12.

3015 Droit de la Nature & des Gens , par Puffendorf, trad. par Barbeyrac. *Lond.* 1740. 3 *vol. in-*4.

3016 Loix Forestieres de France , par M. Pecquet. *Par.* 1753. 2 *vol. in-*4.

S C I E N C E S   E T   A R T S.

3017 Gometii Pereyræ Antoniana Margarita Opus nempè Physicis *Methymnæ Campi de millis.* 1554. *in-fol. m.r.*

3018 Les Œuvres Morales de Plutarque , trad. d'Amiot. *Par. Fascosan.* 1574. 6 *vol. in-*8.

3018 * Discours Politiques & Militaires de la Noue. 1588. 2 *vol. in-*12. *v. f.*   S ij

3019 Naufrage des Isles Flottantes par Pilpai. *Par.* 1733. 2 *vol. in-*12.

3020 Diction. Univerf. de Commerce, par Savary. *Par.* 1741. 3 *vol. in-fol.*

3021 Traité d'Optique, par Newton, trad. par Cofte. *Amft.* 1720. *in-*12.

3022 Chroa-Genefie ou Génération des couleurs contre le Syftême de Newton, par Gautier. *Par.* 1750. 2 *vol. in-*12. *m. r.*

3023 Abrégé de l'Effai de Locke fur l'Entendement humain, par Boffet. *Lond.* 1751. *in* 12.

3024 Difcours fur l'Origine & les Fondemens de l'Inégalité parmi les Hommes, par J. J. Rouffeau. *Amft.* 1755. *in-*8.

3025 Hiftoire admirable de la Poffeffion & Converfion d'une Pénitente, féduite par un Magicien. *Par.* 1613. *in-*12.

3026 J. Nidani Artis Cabalifticæ. *Bafil.* 1587. 2 *tom.* 1 *vol. infol.*

3027 La Phyfique des Arbres, par Duhamel du Monceau. *Par.* 1758. 2 *vol. in-*4.

3028 Des Semis & Plantations des Arbres & de leur Culture, par le même. 1760. *in-*4.

3029 Elémens de Botanique, par Tournefort, fig. gravées par J.B. Joubert, le Difcours manque. *Par. Impr. R.* 2 *vol. in-*8. *gr. p.*

3030 Defcription des Plantes de l'Amérique, par le P. Plumier. *Par.* 1693. *in-fol. gr. p.*

3031 Abrégé de l'Hiftoire des Infectes. *Par.* 1764. 2 *vol. in-*12. *figur.*

3032 Obfervations fur les Caufes & les Accidens de plufieurs Accouchemens laborieux, par M. Levret. *Par.* 1747. *in-*8.

3033 J. Voffii variarum Obfervationum Liber. *Lond.* 1685. *in-*4.

3034 Verhoeven Rerum amorfortiarum fcriptores duo inediti. *Lugd. Bat.* 1693. *in-*4.

3035 Architecture Hydraulique, par Belidor. *Par.* 1737. 4 *vol. in-*4.

3036 Les vraies Centuries & Prophéties de Noftradamus. *Leyde,* 1650. *in-*12.

3037 Les mêmes. *Lyon. in-*24.

BELLES-LETTRES.

3038 G. O. Reizii Belga græcifans. *Rotterd.* 1738. *in-*8.

3039 Les vrais Principes de la Langue Françoise, par Girard. *Par.* 1747. *in-12.*

3040 Dictionn. Poëtique portatif. *Par.* 1759. *in-8.*

3041 Anacreontis Carmina Gr. & Lat. cum notis de Pauw. *Traj. ad Rhen.* 1732. *in-4.*

3042 Catullus Tibullus & Propertius cum integris Commentariis Scaligeri & variorum selectis notis ex recensione Gravii. *Traj. ad Rhen.* 1680. 2 *vol. in-8. v. f. tr. f.*

3043 Th. Bezæ Vezelii Poëmata. *Lugd. Bat.* 1757. *in-12. v. f. d. f. tr.*

3044 J. Wallii Poëmatum Libri IX. *Antv.* 1657. *in-12.*

3045 La Legende joyeuse ou les cent une Leçons de Lampsaque, gravées. *Lond.* 1749. *in-12. m. à dent.*

3046 Le Pere de Famille, Comédie en V Actes & en prose, par M. Diderot. *Amst.* 1758. *in-8.*

3047 Recueil Général des Opéra. *Par.* 1703. 16 *vol. in-12.*

3048 Fr. J. Desbillons Fabularum Æsopiarum Libri V. *Paris.* 1759. *v. f. d. f. t.*

3049 Recueil des Brevets du Regiment de la Calotte, tant en vers qu'en prose. 2 *vol. in-4 m: m. f.*

3050 Anecdotes Secretes pour servir à l'Hist. Galante de la Cour de Pekin. *Pekin.* 1747. *in-12.*

3051 Petronii Arbitri Satyricon cum not. Bourdelotii. *Lugd. B.* 1645. *in-12.*

3052 J. Jensii Lectiones Lucianeæ. accedit ad Grævium. *Hag. Com.* 1699. *in-8.*

3053 Volgarizzamento di Saggi sopra diverse Materie si Litteratura è di Morale del Ab. Trublet. *Firenze.* 1753. 2 *vol. in-12.*

HISTOIRE.

3054 Introduction à la Géographie, par Sanson. *Par.* 1717. *in-fol. gr. p.*

3055 La Géographie Ancienne & Moderne, par d'Audiffret. *Par.* 1689. 3 *vol. in-4.*

3056 Atlas de Jaillot. *Par.* 1684. *in-fol. gr. p.*

3057 Relation Historique d'un Voyage fait au Mont de Sinaï & à Jérusalem, par Morison. *Toul.* 1704. *in-4.*

3058 Les Figures & Abrégé de la Vie, de la Mort & des Miracles de S. François de Paule, par Dondé. *Par.* 1671. *in-fol.*

3059 Histoire des Juifs, par Prideaux. *Par.* 1727. 7 *vol. in-12.*

3060 Pausanias ou Voyage Historique de la Grece, par Gedoyn. *Amst.* 1733. 4 *vol. in-12.*

3061 Arriani de Expeditione Alexandrini Libri VII. opera Gronovii. *Lugd. Bat.* 1704. *in-fol.* C. M.

3062 G. J. Cæsaris cum notis & animadversionibus Vossii & Davisii. *Lugd. Bat.* 1713. *in-8.*

3062 L. Annæi Flori. *Lugd. Bat. Elzev.* 1638. *in-12.*

3064 Description de la France, par Piganiol de la Force. *Par.* 1722. 8 *vol. in-12.*

3065 Commentaires de l'Etat de la Religion & République sous les Rois Henri & François II, & Charles IX (par J. de la Place.) *in-8*

3066 Mémoir. du Duc de Sully, par l'Abbé de l'Ecluse. *Lond.* 1747. 3 *vol. in-4. gr. p. v ec. d. s. tr.*

3067 Mémoir. de M. de S. H. (Hilaire) contenant ce qui s'est passé de plus considérable depuis le décès du Card. Mazarin. *Amst.* 1766. 4 *vol. in-12.*

3068 Recueil de Piéces concernant la Compétance de l'Amirauté de France. *Par.* 1759. *in-12.*

3069 Etat Abrégé des Loix, Revenus, Usages & Productions de la Grande-Bretagne. *Lond.* 1757.... Les Mœurs Angloises ou Appréciation des Mœurs & des Principes qui caractérisent actuellement la Nation Britannique. *La Haye,* 1758. *in-8,*

Lû & approuvé le 5 Mars 1768.

N. M. TILLIARD, Adjoint.